やさしい英語でまなべる日本語

Hajime
mashite

木下直美

英語監修＝Alisha Osborne・Liz Hale

Let's Learn Japanese with Simple English

まえがき

この本を手に取っていただき、ありがとうございます。この本は、英語を話す機会がそれほどない方でも、学校で習ったやさしい英語を使って日本語のフレーズを教えられるように作りました。あなたの周りにいる外国人は日本語に興味があるでしょうか？　この本に出てくる日本語は、日本語を勉強していない外国人でも、英語で意味を理解してフレーズを丸暗記すればすぐ使えます。そして、日本語にもっと興味を持って「習いたいなぁ。勉強してみたいなぁ」と思ってもらえたら嬉しいです。そばにいる外国人に毎日の生活で使える簡単な日本語を教えてみませんか？

なぜ、日本人が話す日本語は、外国人にとって難しいのでしょう。日本語を習い始めた生徒たちから「先生の日本語はやさしいけど、普通の日本人の日本語はとても難しいです」と言われることがあります。私は日本語初級の生徒に10年以上日本語を教えています。教えていく中で、だんだんやさしい言葉や短いフレーズを使えるようになりました。たとえば、「昨日偶然スーパーで友だちに会ったから一緒にコーヒーを飲んだら話が弾んじゃって！」これは文が途中で終わっているし、一文に入っている情報が多いですね。この話を伝わるように言いかえます。「昨日、私はスーパーに行きました。スーパーで友だちに会いました。一緒にコーヒーを飲みました。楽しかったです」　私が教えるときは、一つの情報につき一つの文を作ることを心がけています。伝えたいニュアンスは少し違うかもしれないけれど、私も話して伝わると楽しいですし、「わかった！　会話できた！」と言って生徒もとても嬉しそうにします。この本は、色々な場面でなるべく短い文で会話できるようなフレーズを紹介しています。

本の中の会話は、私と友だちの Alisha との実際の会話を基にストーリーが作られています。工場見学やゴミの分別など、私と Alisha、そして各国生徒との会話を通して、外国から来た皆さんの日本での様子がわかります。場面ごとに盛り込んだ内容をどうぞお楽しみください。

日常会話の中に英語があったり日本語があったりすると、ハプニングの連続でそれは楽しいものです。紹介したたくさんのフレーズを、どうぞ海外のお友だちや職場の外国人の仲間たちと一緒に、お茶でも飲みながら練習してみてください。この本があなたの英語・日本語コミュニケーションの世界を広げるお役に立てたら嬉しいです。

木下　直美

Thank you for purchasing this book! In a world full of convenient ways to travel and communicate I found a need for a quick resource and reference book. Any traveler or foreigner living in Japan could turn to this book to speak Japanese and communicate without knowing the written language. My hope is that you can travel more freely in Japan without the concern of knowing hiragana, katakana or kanji!

Naomi Kinoshita

装　　幀：久保頼三郎
企画立案：石渡　一秀
編集協力：木下　桃子

もくじ

本書の使い方

本書では、ローマ字と英語と日本語がわかりやすく併記されています。言葉を入れ替えるだけで意味の幅が広がり、外国人に伝わりやすい日本語の使い方がわかります。

The text is written in roman letters for both English and Japanese in an easy-to-understand manner. Simply changing the vocabulary word changes the meaning of the sentence.

Goal

レッスンごとの目標です。本文に入る前に読んでください。

This is a goal for each lesson. Please read before entering the text.

LESSON 1

Self-introduction and greeting

じこしょうかい と あいさつ
Jikoshōkai to aisatsu

GOAL もくひょう You can introduce yourself. You can greet and talk a little bit with people you know.
じこしょうかいが できて、しりあいに あいさつ して ちょっと はなせます。

Key Expression じゅうよう ひょうげん

1 "Hajimemashite. Watashi wa〈　　〉desu."
My name is ~.
Ex れい Hajimemashite. Watashi wa Alisha Osborne desu.
Nice to meet you. My name is Alisha Osborne.
はじめまして。わたし は アリーシャ オズボーン です。

2 "Watashi wa America kara kimashita. Watashi no shumi wa〈　　〉desu."
My hobby is ~.
Ex れい Watashi wa America kara kimashita. Watashi no shumi wa ryokō desu.
I'm from America. My hobby is traveling.
わたし は アメリカ から きました。わたし の しゅみ は りょこう です。

3 "Konnichiwa. Kyō wa〈　　〉desune."
It's ~ today.
Ex れい Konnichiwa. Kyō wa ame desune!
How are you? It's raining today!
こんにちは。きょう は あめ ですね！

4 "Watashi wa〈　　〉ga daisuki desu."
I really like ~ .
Ex れい Watashi wa ame ga daisuki desu.
I really like rain.
わたし は あめ が だいすき です。

10

PART 1

Practice for Key Expression 1 じゅうよう ひょうげん 1 の れんしゅう

Please try to say "***Hajimemashite. Watashi wa*〈　　〉*desu*. " by filling your name in〈　　〉.
あなたの なまえを（　　）に いれて、れんしゅう してみて ください。

Practice for Key Expression 2 じゅうよう ひょうげん 2 の れんしゅう

Please try to say "***Watashi no shumi wa*〈　　〉*desu*." by using the following words.
つぎの ごいを つかって「わたし の しゅみ は（　　）です」と いってみて ください。

Vocabulary ごい
karaoke　dokusho *read books*　yakyū *baseball*　shopping
benkyō *study*

Conversation for the Key Expression 1 and 2
じゅうよう ひょうげん 1 と 2を つかった かいわ れんしゅう

Please try to have a conversation by using the key expression 1 and 2.
じゅうよう ひょうげん 1 と 2 を つかった かいわを してみましょう。

Alisha　Naomi

: Hajimemashite. Watashi wa Alisha Osborne desu.
Nice to meet you. I'm Alisha Osborne. (first name / family name)
はじめまして。わたし は アリーシャ オズボーン です。

: Hajimemashite. Watashi wa Kinoshita Naomi desu.
Nice to meet you, too. I'm Kinoshita Naomi. (family name / first name)
はじめまして。わたし は きのした なおみ です。

: Watashi wa America kara kimashita. Shumi wa ryokō desu.
I'm from America. My hobby is traveling.
わたし は アメリカ から きました。しゅみ は りょこう です。

: Ryokō desuka? Ī desune! Dōzo yoroshiku onegai shimasu.
Is that so? How nice! It was nice to meet you.
りょこう ですか？いい ですね！どうぞ よろしく おねがい します。

: Dōzo yoroshiku onegai shimasu. *It was nice to meet you, too.*
どうぞ よろしく おねがい します。

Note ちゅう Please try to have a different conversation by using the vocabulary you have learned.
これまでに ならった ごいを つかって ちがう かいわを してみて ください。

11

Key expression

各レッスンに重要な表現が 4 つずつあります。ローマ字と英語とひらがなを併記しました。例文もあるので、意味を理解したらローマ字またはひらがなで発音の練習をします。

There are four key expressions in each lesson. They are each written in Roman letters, Hiragana and the meaning is written in English. Please understand the English meaning and practice pronunciation using Roman letters or Hiragana.

Practice for Key Expression

重要表現の < > の単語を入れ替えて練習します。

Use these symbols < > in each Key Expression by exchanging < > for a vocabulary word and practice out loud many times.

Vocabulary

上の重要表現の < > に入れ替えられる言葉です。言葉は基本的にローマ字と英語で書かれています。表現の意味の違いを確認して練習してください（英語でも日本語として定着していると思われる言葉は英語表記のみとしました）。

A list of words that can be used in place of < > symbols in the above key expression exercises. Each vocabulary word can be used individually. Please check the meaning of the vocabulary word and expression prior to practicing out loud (When you see a word written in English without Japanese translation please use it as it is. It is a word used in Japan and well known).

Note

各レッスンの中の内容をまとめたりオリジナルの文や会話を作ったりすることにお役立てください。

Please use Note to organize the contents of each lesson and to create original sentences and conversations.

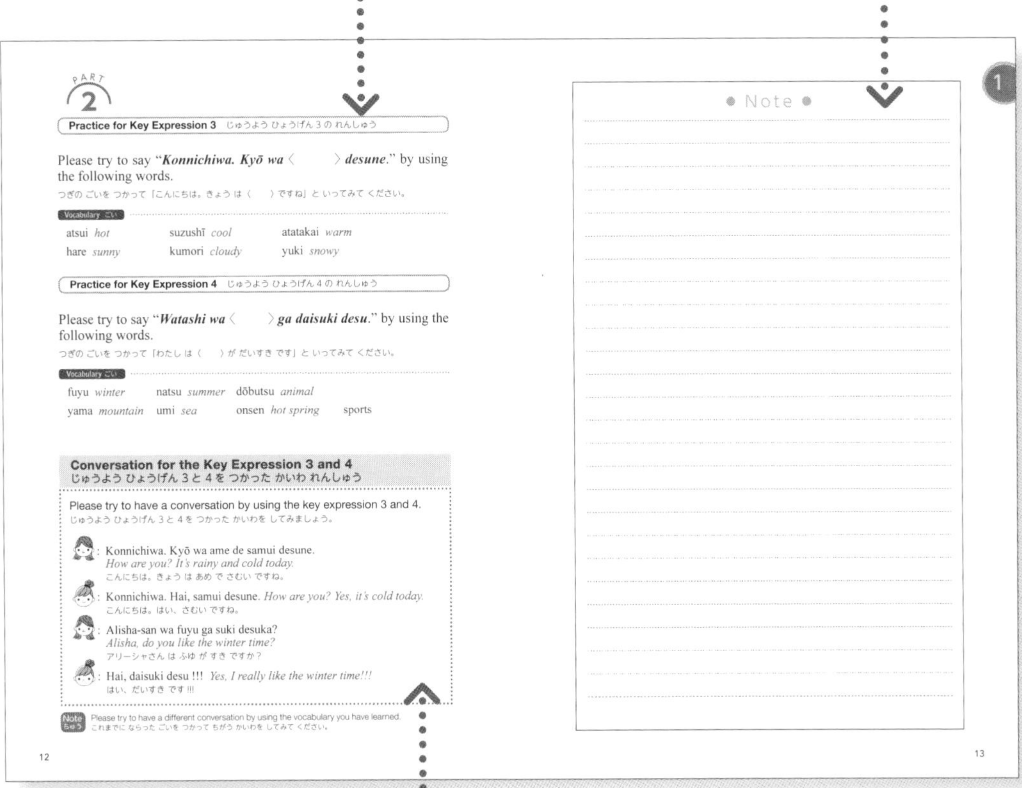

PART 2

Practice for Key Expression 3 じゅうよう ひょうげん 3 の れんしゅう

Please try to say "***Konnichiwa. Kyō wa*** 〈　　〉 ***desune***." by using the following words.
つぎの ごいを つかって「こんにちは。きょう は〈　〉ですね」と いってみて ください。

Vocabulary ごい

atsui *hot*　suzushī *cool*　atatakai *warm*
hare *sunny*　kumori *cloudy*　yuki *snowy*

Practice for Key Expression 4 じゅうよう ひょうげん 4 の れんしゅう

Please try to say "***Watashi wa*** 〈　　〉 ***ga daisuki desu***." by using the following words.
つぎの ごいを つかって「わたし は〈　〉が だいすき です」と いってみて ください。

Vocabulary ごい

fuyu *winter*　natsu *summer*　dōbutsu *animal*
yama *mountain*　umi *sea*　onsen *hot spring*　sports

Conversation for the Key Expression 3 and 4
じゅうよう ひょうげん 3 と 4 を つかった かいわ れんしゅう

Please try to have a conversation by using the key expression 3 and 4.
じゅうよう ひょうげん 3 と 4 を つかった かいわを してみましょう。

: Konnichiwa. Kyō wa ame de samui desune.
How are you? It's rainy and cold today.
こんにちは。きょう は あめ で さむい ですね。

: Konnichiwa. Hai, samui desune. *How are you? Yes, it's cold today.*
こんにちは。はい、さむい ですね。

: Alisha-san wa fuyu ga suki desuka?
Alisha, do you like the winter time?
アリーシャさん は ふゆ が すき ですか？

: Hai, daisuki desu !!! *Yes, I really like the winter time!!!*
はい、だいすき です !!!

Note Please try to have a different conversation by using the vocabulary you have learned.
これまでに ならった ごいを つかって ちがう かいわを してみて ください。

12

1

• Note •

13

Conversation for the Key Expression

Key Expression の前半 1 と 2、後半 3 と 4 に分けて、それぞれの表現を使った会話ができます。すべての会話文はローマ字、英語、ひらがな（一部カタカナ）を併記しました。意味を確認して、場面をイメージしながら練習してください。

Key Expression can be divided into 1 and 2, or 3 and 4. Both parts have conversational practice using the key Expressions. All conversation is written in Roman letters, English, and Hiragana. Please understand the meaning in English and practice pronunciation using Roman letters or Hiragana.

Self-introduction and greeting

じこしょうかい と あいさつ
Jikoshōkai to aisatsu

You can introduce yourself. You can greet and talk a little bit with people you know.

じこしょうかいが できて、しりあいに あいさつ して ちょっと はなせます。

Key Expression じゅうよう ひょうげん

1 "Hajimemashite. Watashi wa 〈 〉 desu."

My name is ~ .

Ex れい Hajimemashite. Watashi wa Alisha Osborne desu.

Nice to meet you. My name is Alisha Osborne.

はじめまして。わたし は アリーシャ オズボーン です。

2 "Watashi wa America kara kimashita. Watashi no shumi wa 〈 〉 desu."

My hobby is ~ .

Ex れい Watashi wa America kara kimashita. Watashi no shumi wa ryokō desu.

I'm from America. My hobby is traveling.

わたし は アメリカ から きました。わたし の しゅみ は りょこう です。

3 "Konnichiwa. Kyō wa 〈 〉 desune."

It's ~ today.

Ex れい Konnichiwa. Kyō wa ame desune!

How are you? It's raining today!

こんにちは。きょう は あめ ですね！

4 "Watashi wa 〈 〉 ga daisuki desu."

I really like ~ .

Ex れい Watashi wa ame ga daisuki desu.

I really like rain.

わたし は あめ が だいすき です。

Practice for Key Expression 1 じゅうよう ひょうげん 1 の れんしゅう

Please try to say "***Hajimemashite. Watashi wa*** 〈　　　〉 ***desu***." by filling your name in 〈　　　〉.

あなたの なまえを 〈　　〉に いれて、れんしゅう してみて ください。

Practice for Key Expression 2 じゅうよう ひょうげん 2 の れんしゅう

Please try to say "***Watashi no shumi wa*** 〈　　　〉 ***desu***." by using the following words.

つぎの ごいを つかって「わたし の しゅみ は〈　　〉です」と いってみて ください。

Vocabulary ごい

karaoke　　dokusho *read books*　　yakyū *baseball*　　shopping

benkyō *study*

Conversation for the Key Expression 1 and 2
じゅうよう ひょうげん 1と 2を つかった かいわ れんしゅう

Please try to have a conversation by using the key expression 1 and 2.

じゅうよう ひょうげん 1 と 2 を つかった かいわを してみましょう。

Alisha　Naomi

: Hajimemashite. Watashi wa Alisha Osborne desu.
Nice to meet you. I'm Alisha Osborne.(first name / family name)
はじめまして。わたし は アリーシャ オズボーン です。

: Hajimemashite. Watashi wa Kinoshita Naomi desu.
Nice to meet you, too. I'm Kinoshita Naomi.(family name / first name)
はじめまして。わたし は きのした なおみ です。

: Watashi wa America kara kimashita. Shumi wa ryokō desu.
I'm from America. My hobby is traveling.
わたし は アメリカ から きました。しゅみ は りょこう です。

: Ryokō desuka? Ī desune! Dōzo yoroshiku onegai shimasu.
Is that so? How nice! It was nice to meet you.
りょこう ですか? いい ですね! どうぞ よろしく おねがい します。

: Dōzo yoroshiku onegai shimasu. *It was nice to meet you, too.*
どうぞ よろしく おねがい します。

Please try to have a different conversation by using the vocabulary you have learned.
これまでに ならった ごいを つかって ちがう かいわを してみて ください。

Practice for Key Expression 3　じゅうよう ひょうげん 3 の れんしゅう

Please try to say "***Konnichiwa. Kyō wa*** 〈　　　〉 ***desune***." by using the following words.

つぎの ごいを つかって「こんにちは。きょう は〈　〉ですね」と いってみて ください。

Vocabulary ごい

atsui *hot*　suzushī *cool*　atatakai *warm*

hare *sunny*　kumori *cloudy*　yuki *snowy*

Practice for Key Expression 4　じゅうよう ひょうげん 4 の れんしゅう

Please try to say "***Watashi wa*** 〈　　　〉 ***ga daisuki desu***." by using the following words.

つぎの ごいを つかって「わたし は〈　〉が だいすき です」と いってみて ください。

Vocabulary ごい

fuyu *winter*　natsu *summer*　dōbutsu *animal*

yama *mountain*　umi *sea*　onsen *hot spring*　sports

Conversation for the Key Expression 3 and 4
じゅうよう ひょうげん 3と 4を つかった かいわ れんしゅう

Please try to have a conversation by using the key expression 3 and 4.

じゅうよう ひょうげん 3と 4を つかった かいわを してみましょう。

: Konnichiwa. Kyō wa ame de samui desune.
How are you? It's rainy and cold today.
こんにちは。きょう は あめ で さむい ですね。

: Konnichiwa. Hai, samui desune. *How are you? Yes, it's cold today.*
こんにちは。はい、さむい ですね。

: Alisha-san wa fuyu ga suki desuka?
Alisha, do you like the winter time?
アリーシャさん は ふゆ が すき ですか？

: Hai, daisuki desu !!! *Yes, I really like the winter time!!!*
はい、だいすき です！！！

Please try to have a different conversation by using the vocabulary you have learned.
これまでに ならった ごいを つかって ちがう かいわを してみて ください。

1

● Note ●

Ask the place

ばしょ を きく
Basho wo kiku

Asking for help when you are in trouble.
Get information about where you want to go.
こまっている ことを つたえて たすけて もらいます。
いきたい ばしょに ついての じょうほうを えます。

Key Expression じゅうよう ひょうげん

1 "Watashi wa 〈　　　　〉 desu. Tasukete kudasai."

I am ~ now. Please help me.

Ex れい Watashi wa maigo desu. Tasukete kudasai.
I'm lost. Please help me.
わたし は まいご です。たすけて ください。

2 "〈　　　　〉 ni ikitai desu."

I want to go ~ .

Ex れい Haneda kūkō ni ikitai desu.
I want to go to Haneda airport.
はねだ くうこう に いきたい です。

3 "〈　　　　〉 wa doko desuka?"

Where is ~ ?

Ex れい Eki wa doko desuka?
Where is the train station?
えき は どこ ですか？

4 "Chikaku ni 〈　　　　〉 ga arimasuka?"

Is there ~ near here?

Chikaku ni hyaku (100) en shop ga arimasuka?
Is there a 100 yen shop near here?
ちかく に 100 えん ショップ が ありますか？

Practice for Key Expression 1 じゅうよう ひょうげん 1 の れんしゅう

Please try to say "***Watashi wa*** 〈　　　〉 ***desu. Tasukete kudasai.***" by using the following words.
つぎの ごいを つかって「わたし は〈　　〉です。たすけて ください」と いってみて ください。

Vocabulary ごい

byōki *sick*　　hitori *alone*
Nihon ga hajimete *this is my first visit in Japan*　　gaikokujin *foreigner*

Practice for Key Expression 2 じゅうよう ひょうげん 2 の れんしゅう

Please try to say "〈　　　〉 ***ni ikitai desu.***" by using the following words.
つぎの ごいを つかって「〈　　〉に いきたい です」と いってみて ください。

Vocabulary ごい

Tokyo eki *Tokyo station*　　Itsukushima jinja *Itsukushima shrine*
koko *here: show your map or smartphone*

Conversation for the Key Expression 1 and 2
じゅうよう ひょうげん 1と 2を つかった かいわ れんしゅう

Please try to have a conversation by using the key expression 1 and 2.
じゅうよう ひょうげん 1と 2を つかった かいわを してみましょう。

Alisha　Naomi

: Watashi wa maigo desu. Tasukete kudasai.
I'm lost. Please help me.
わたし は まいご です。たすけて ください。

: Dō shimashitaka? *What can I do for you?*
どう しましたか？

: Haneda kūkō ni ikitai desu. *I want to go to Haneda airport.*
はねだ くうこう に いきたい です。

: Densha de ikimasuka, taxi de ikimasuka?
Do you want to go there by train or taxi?
でんしゃ で いきますか、タクシー で いきますか？

: Taxi de ikimasu. *I want to take a taxi.*
タクシー で いきます。

Please try to have a different conversation by using the vocabulary you have learned.
これまでに ならった ごいを つかって ちがう かいわを してみて ください。

Practice for Key Expression 3　じゅうよう ひょうげん 3 の れんしゅう

Please try to say "〈　　　〉 ***wa doko desuka?***" by using the following words.

つぎの ごいを つかって「〈　　〉は どこ ですか？」と いってみて ください。

Vocabulary ごい

eki *train staion*　　basutē *bus stop*　　kono jūsho *this address*

kōban *police station*　　byōin *hospital*　　shinkansen *bullet train*

Practice for Key Expression 4　じゅうよう ひょうげん 4 の れんしゅう

Please try to say "***Chikaku ni*** 〈　　　〉 ***ga arimasuka?***" by using the following words.

つぎの ごいを つかって「ちかく に〈　　〉が ありますか？」と いってみて ください。

Vocabulary ごい

yūbinkyoku *post office*　　hyaku (100) en shop *100 yen shop*

sentō *public bath*　　konbini *convenience stor*　　sūpā *grocery store*

Conversation for the Key Expression 3 and 4
じゅうよう ひょうげん 3と 4を つかった かいわ れんしゅう

Please try to have a conversation by using the key expression 3 and 4.

じゅうよう ひょうげん 3と 4を つかった かいわを してみましょう。

: Sumimasen, hyaku (100) en shop wa doko desuka?
Excuse me, where is the 100 yen shop?
すみません、100 えん ショップ は どこ ですか？

: Hyaku (100) en shop wa chikaku ni arimasuyo.
The 100 yen shop is very near here.
100 えん ショップ は ちかく に ありますよ。

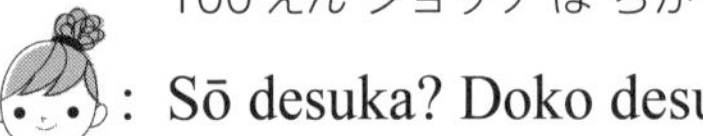
: Sō desuka? Doko desuka? *Is that so? Where is it?*
そう ですか？ どこ ですか？

: Issho ni ikimashō! *I will take you there!*
いっしょ に いきましょう！

: Hontō desuka? Arigatō gozaimasu. *Oh, really? Thank you very much.*
ほんとう ですか？ ありがとう ございます。

Please try to have a different conversation by using the vocabulary you have learned.
これまでに ならった ごいを つかって ちがう かいわを してみて ください。

● Note ●

2

Ask for transportations

こうつう しゅだん を きく
Kōtsū shudan wo kiku

Tell someone where you want to go and ask the correct transportation (or way) that you should take.
いきたい ばしょを いって、そこまでの こうつう しゅだんや、いきかたを きく ことが できます。

Key Expression じゅうよう ひょうげん

1 "〈　　　　〉ni ikitai desu."

I want to go to ~ .

Ex れい Tokyo ni ikitai desu.
I want to go to Tokyo.
とうきょう に いきたい です。

2 "〈　　　　〉de ikemasuka?"

Can I take ~ ?

Ex れい Densha de ikemasuka?
Can I take a train?
でんしゃ で いけますか？

3 "Kono〈　　　　〉wa Shibuya ni ikimasuka?"

Does this ~ go to Shibuya?

Ex れい Kono densha wa Shibuya ni ikimasuka?
Does this train go to Shibuya?
この でんしゃ は しぶや に いきますか？

4 "〈　　　　〉wa doko desuka?"

Where is ~ ?

Ex れい San(3)-ban sen wa doko desuka?
Where is platform #3?
3ばん せん は どこ ですか？

Memo Platform number: Ichi(1)-ban sen, Ni(2)-ban sen, Yon(4)-ban sen

Practice for Key Expression 1 じゅうよう ひょうげん 1 の れんしゅう

Please try to say "〈　　　〉***ni ikitai desu.***" by using the following words.
つぎの ごいを つかって「〈　　〉に いきたい です」と いってみて ください。

Vocabulary ごい

eki *station*　Harajuku *city name*　supermarket
yakusho *public office*　kēsatsusho *police station*　ginkō *bank*
yūbinkyoku *post office*

Practice for Key Expression 2 じゅうよう ひょうげん 2 の れんしゅう

Please try to say "〈　　　〉***de ikemasuka?***" by using the following words.
つぎの ごいを つかって「〈　　〉で いけますか？」と いってみて ください。

Vocabulary ごい

densha *train*　Yamanote-sen *Yamanote-line*　kuruma *car*
aruki *on foot*　baiku *motorcycle*　jitensha *bicycle*　bus

Conversation for the Key Expression 1 and 2
じゅうよう ひょうげん 1 と 2 を つかった かいわ れんしゅう

Please try to have a conversation by using the key expression 1 and 2.
じゅうよう ひょうげん 1 と 2 を つかった かいわを してみましょう。

Alisha

Naomi

: Harajuku ni ikitai desu. *I want to go to Harajuku.*
はらじゅく に いきたい です。

: Sō desuka. *Really…*
そう ですか。

: Bus de ikemasuka? *Can I take a bus?*
バス で いけますか？

: Īe, bus de ikemasen. Densha ga ī desu.
No, you can't take a bus. You should take a train.
いいえ、バス で いけません。でんしゃ が いい です。

: Jā, densha de ikimasu. *Okay, I'll take a train.*
じゃあ、でんしゃ で いきます。

Please try to have a different conversation by using the vocabulary you have learned.
これまでに ならった ごいを つかって ちがう かいわを してみて ください。

Practice for Key Expression 3 じゅうよう ひょうげん 3 の れんしゅう

Please try to say "***Kono*** 〈　　　〉 ***wa Shibuya ni ikimasuka?***" by using the following words.
つぎの ごいを つかって「この〈　〉は しぶや に いきますか？」と いってみて ください。

Vocabulary ごい

chikatetsu *subway*　　hikōki *airplane*　　fune *ship*　　bus

Practice for Key Expression 4 じゅうよう ひょうげん 4 の れんしゅう

Please try to say "〈　　　〉 ***wa doko desuka?***" by using the following words.
つぎの ごいを つかって「〈　〉は どこ ですか？」と いってみて ください。

Vocabulary ごい

basutē *bus stop*　　taxi noriba *taxi station*　　~ eki *~ station*

Conversation for the Key Expression 3 and 4
じゅうよう ひょうげん 3と 4を つかった かいわ れんしゅう

Please try to have a conversation by using the key expression 3 and 4.
じゅうよう ひょうげん 3と 4を つかった かいわを してみましょう。

: Kono densha wa Shibuya ni ikimasuka?
Does this train go to Shibuya?
この でんしゃ は しぶや に いきますか？

: Īe, ikimasen. Shibuya wa san(3)-ban sen desu.
No, it doesn't. It's the platform #3 on Shibuya.
いいえ、いきません。しぶや は 3ばん せん です。

: San-ban sen wa doko desuka? *Where is the platform #3?*
3ばん せん は どこ ですか？

: Tonari desu. *It's the next platform.*
となり です。

Note ちゅう Please try to have a different conversation by using the vocabulary you have learned.
これまでに ならった ごいを つかって ちがう かいわを してみて ください。

● Note ●

3

To say thank you

おれい を いう
Orē wo yū

You can say thank you and give someone a gift.
After the event is over, you can say thank you.
おれいを いって、プレゼントを わたす ことが できます。
ことが おわった あとで、おれいを いう ことが できます。

Key Expression じゅうよう ひょうげん

1 "〈　　　〉itadaite arigatō gozaimasu."

Thank you for ~ .

Ex れい Goshōtai itadaite arigatō gozaimasu.
Thank you for your invitation.
ごしょうたい いただいて ありがとう ございます。

2 "Kore wa watashi no kuni no〈　　　〉desu. Dōzo."

This is my country's ~ . Please try this.

Ex れい Kore wa watashi no kuni no okashi desu. Dōzo.
This is my country's sweets. Please try this.
これ は わたし の くに の おかし です。どうぞ。

3 "Anata no osusume no〈　　　〉ni ikimashita."

I went to the ~ that you recommended.

Ex れい Anata no osusume no restaurant ni ikimashita.
I went to the restaurant that you recommented.
あなた の おすすめ の レストラン に いきました。

4 "Totemo〈　　　〉desu. Arigatō gozaimashita."

It was really ~ . Thank you very much.

Ex れい Totemo yokatta desu. Arigatō gozaimashita.
It was really good. Thank you very much.
とても よかった です。ありがとう ございました。

4

Practice for Key Expression 1 じゅうよう ひょうげん 1 の れんしゅう

Please try to say "〈　　　〉 ***itadaite arigatō gozaimasu.***" by using the following words.
つぎの ごいを つかって「〈　　〉いただいて ありがとう ございます」と いってみて ください。

Vocabulary ごい

kite *thank you for coming*　　tetsudatte *thank you for the help*
sanka shite *thank you for joining us*　　speech shite *thank you for your speech*

Practice for Key Expression 2 じゅうよう ひょうげん 2 の れんしゅう

Please try to say "***Kore wa watashi no kuni no* 〈　　　〉 *desu. Dōzo.***" by using the following words.
つぎの ごいを つかって「これ は わたし の くに の〈　　〉です。どうぞ」と いってみて ください。

Vocabulary ごい

okashi *sweets and snacks*　　coffee　　ocha *tea*　　osake *alcohol*
saifu *wallet*

Conversation for the Key Expression 1 and 2
じゅうよう ひょうげん 1 と 2 を つかった かいわ れんしゅう

Please try to have a conversation by using the key expression 1 and 2.
じゅうよう ひょうげん 1 と 2 を つかった かいわを してみましょう。

Alisha

Naomi

: Dōzo, haitte kudasai. *Please come in.*
どうぞ、はいって ください。

: Kyō wa goshōtai itadaite arigatō gozaimasu.
Thank you for inviting me today.
きょう は ごしょうたい いただいて ありがとう ございます。

: Matte imashita. *I was waiting for you.*
まって いました。

: Kore wa watashi no kuni no okashi desu. Dōzo.
This is my country's sweets. Please try this.
これ は わたし の くに の おかし です。どうぞ。

Please try to have a different conversation by using the vocabulary you have learned.
これまでに ならった ごいを つかって ちがう かいわを してみて ください。

Practice for Key Expression 3　じゅうよう ひょうげん３の れんしゅう

Please try to say "***Anata no osusume no* 〈　　　〉 *ni ikimashita.***" by using the following words.
つぎの ごいを つかって「あなた の おすすめ の〈　　〉に いきました」と いってみて ください。

Vocabulary ごい

restaurant　　café　　hyaku (100) en shop *100 yen shop*　　otera *temple*
jinja *shrine*　　bijutsukan *art museum*

Practice for Key Expression 4　じゅうよう ひょうげん４の れんしゅう

Please try to say "***Totemo* 〈　　　〉 *desu. Arigatō gozaimashita.***" by using the following words.
つぎの ごいを つかって「とても〈　　〉です。ありがとう ございました」と いってみて ください。

Vocabulary ごい

yokatta *it was good*　　tanoshikatta *it was fun*　　oishikatta *it was delicious*
omoshirokatta *it was interesting*

Conversation for the Key Expression 3 and 4
じゅうよう ひょうげん３と４を つかった かいわ れんしゅう

Please try to have a conversation by using the key expression 3 and 4.
じゅうよう ひょうげん３と４を つかった かいわを してみましょう。

: Alisha-san, konnichiwa! *Hi Alisha!*
アリーシャさん、こんにちは！

: Konnichiwa. Kinō anata no osusume no café ni ikimashita.
Hi, oh yesterday, I went the café which you recommended.
こんにちは。きのう あなた の おすすめ の カフェ に いきました。

: Sō desuka. Dō deshitaka? *Really? How was it?*
そう ですか。どう でしたか？

: Totemo oishikatta desu. Arigatō gozaimashita!
It was delicious. Thank you very much!
とても おいしかった です。ありがとう ございました！

Please try to have a different conversation by using the vocabulary you have learned.
これまでに ならった ごいを つかって ちがう かいわを してみて ください。

● Note ●

4

Talk about plan and actions

よてい や こうどう に ついて はなす
Yotē ya kōdō ni tsuite hanasu

Tell someone what you would like to do.
よていを いって、なにを するかを いう ことが できます。

Key Expression じゅうよう ひょうげん

1 "〈　　　〉, kōen de omatsuri ga arimasu."

There is ~ .

Ex れい Shūmatsu, kōen de omatsuri ga arimasu.
There is a festival at the park this weekend.
しゅうまつ、こうえん で おまつり が あります。

2 "Issho ni 〈　　　〉 ni ikimasenka?"

Let's go (do) ~ .

Ex れい Issho ni mi ni ikimasenka?
Let's go watch it together!
いっしょ に み に いきませんか？

3 "Raishū, 〈　　　〉 ni iku yotē desu."

I plan to go ~ .

Ex れい Raishū, Kyoto ni iku yotē desu.
I plan to go to Kyoto next week.
らいしゅう、きょうと に いく よてい です。

4 "Kyoto ni itte 〈　　　〉 tai desu."

I want to ~ .

Ex れい Kyoto ni itte otera ga mitai desu.
I want to see the temples in Kyoto.
きょうと に いって おてら が みたい です。

5

Practice for Key Expression 1　じゅうよう ひょうげん 1 の れんしゅう

Please try to say "〈　　　〉, ***kōen de omatsuri ga arimasu.***" by using the following words.
つぎの ごいを つかって「〈　　〉、こうえん で おまつり が あります」と いってみて ください。

Vocabulary ごい

ashita *tomorrow*　　tsugi no nichiyōbi *next Sunday*
konshū *this week*　　raigetsu *next month*

Practice for Key Expression 2　じゅうよう ひょうげん 2 の れんしゅう

Please try to say "***Issho ni*** 〈　　　〉 ***ni ikimasenka?***" by using the following words.
つぎの ごいを つかって「いっしょ に 〈　　〉に いきませんか？」と いってみて ください。

Vocabulary ごい

tabe *to eat*　　nomi *to drink*　　odori *to dance*　　kai *to buy*
aruki *to walk*

Conversation for the Key Expression 1 and 2
じゅうよう ひょうげん 1 と 2を つかった かいわ れんしゅう

Please try to have a conversation by using the key expression 1 and 2.
じゅうよう ひょうげん 1 と 2 を つかった かいわを してみましょう。

: Shūmatsu, kōen de omatsuri ga arimasu. *There is a festival in the park this weekend.*
しゅうまつ、こうえん で おまつり が あります。

: Sō desuka? Watashi, ikitai desu! *Oh, really? I want to go!*
そう ですか？ わたし、いきたい です！

: Jā, issho ni ikimasenka? *Why don't we go together, then?*
じゃあ、いっしょ に いきませんか？

: Hai, onegai shimasu! *Yes. Please!*
はい、おねがい します！

Please try to have a different conversation by using the vocabulary you have learned.
これまでに ならった ごいを つかって ちがう かいわを してみて ください。

Practice for Key Expression 3 じゅうよう ひょうげん３の れんしゅう

Please try to say “***Raishū,*** 〈　　　　〉 ***ni iku yotē desu.***” by using the following words.
つぎの ごいを つかって「らいしゅう、〈　　〉に いく よてい です」と いってみて ください。

Vocabulary ごい

Hokkaido　　concert　　ēga *movie*　　omatsuri *festival*

Practice for Key Expression 4 じゅうよう ひょうげん４の れんしゅう

Please try to say “***Kyoto ni itte*** 〈　　　　〉 ***tai desu.***” by using the following words.
つぎの ごいを つかって「きょうと に いって〈　　〉たい です」と いってみて ください。

Vocabulary ごい

oryōri ga tabe *want to eat food*
kōyō ga mi *want to see Autumn leaves*
Maiko-san ni ai *want to see Maiko*

Conversation for the Key Expression 3 and 4
じゅうよう ひょうげん３と４を つかった かいわ れんしゅう

Please try to have a conversation by using the key expression 3 and 4.
じゅうよう ひょうげん３と４を つかった かいわを してみましょう。

: Raishū, Kyoto ni iku yotē desu. *I will go to Kyoto next week.*
らいしゅう、きょうと に いく よてい です。

: Sō desuka! Kyoto de nani wo shimasuka?
Oh, really! What are you doing in Kyoto?
そう ですか！ きょうと で なに を しますか？

: Otera ya Maiko-san ga mitai desu.
I want to see the temples and Maiko-san.
おてら や まいこさん が みたい です。

: Tanoshimi desune. Itterasshai!
That's sounds good. Have a good trip!
たのしみ ですね。いってらっしゃい！

Note ちゅう Please try to have a different conversation by using the vocabulary you have learned.
これまでに ならった ごいを つかって ちがう かいわを してみて ください。

● Note ●

Promise to meet again

さいかい の やくそく を する
Saikai no yakusoku wo suru

Expressing when you would like to meet again and you can make an appointment to meet.
あいたい きもちを つたえて、つぎに あう ひを たずねる ことが できます。

Key Expression じゅうよう ひょうげん

1 "〈　　　〉mata aitai desu."

I want to see you ~ .

Ex れい Kondo mata aitai desu.
I want to see you again.
こんど また あいたい です。

2 "〈　　　〉aemasuka?"

Can I see you ~ ?

Ex れい Nichiyōbi aemasuka?
Can I see you on Sunday?
にちようび あえますか？

3 "〈　　　〉de aimashō."

See you ~ , then.

Ex れい Kōen de aimashō.
Let's meet at the park.
こうえん で あいましょう。

4 "Jā, mata〈　　　〉."

See you ~ , then.

Ex れい Jā, mata ashita.
See you tomorrow, then.
じゃあ、また あした。

Practice for Key Expression 1 じゅうよう ひょうげん 1 の れんしゅう

Please try to say "〈　　　〉 ***mata aitai desu.***" by using the following words.
つぎの ごいを つかって「〈　　〉また あいたい です」と いってみて ください。

Vocabulary ごい

raishū *next week*　　raigetsu *next month*　　rainen *next year*
itsuka *someday*

Practice for Key Expression 2 じゅうよう ひょうげん 2 の れんしゅう

Please try to say "〈　　　〉 ***aemasuka?***" by using the following words.
つぎの ごいを つかって「〈　　〉あえますか？」と いってみて ください。

Vocabulary ごい

ashita no yoru *tomorrow night*　　nichiyōbi *Sunday*
natsuyasumi *summer vacation*　　Christmas

Conversation for the Key Expression 1 and 2
じゅうよう ひょうげん 1 と 2を つかった かいわ れんしゅう

Please try to have a conversation by using the key expression 1 and 2.
じゅうよう ひょうげん 1 と 2 を つかった かいわを してみましょう。

Alisha　Naomi

: Rainen, mata aitai desu.
I want to see you again next year.
らいねん、また あいたい です。

: Sō desune. Kondo itsu aimashōka?
Right. When shall we meet next time?
そう ですね。こんど いつ あいましょうか？

: Rainen no natsuyasumi ni aemasuka?
Can we meet during summer vacation next year?
らいねん の なつやすみ に あえますか？

: Hai, sō shimashō! *Yes, let's do so!*
はい、そう しましょう！

Please try to have a different conversation by using the vocabulary you have learned.
これまでに ならった ごいを つかって ちがう かいわを してみて ください。

Practice for Key Expression 3 じゅうよう ひょうげん 3 の れんしゅう

Please try to say "〈　　　〉 ***de aimashō.***" by using the following words.

つぎの ごいを つかって「〈　　〉で あいましょう」と いってみて ください。

Vocabulary ごい

Shinjuku eki *Shinjuku station*　　kūkō *airport*　　office　　café

Practice for Key Expression 4 じゅうよう ひょうげん 4 の れんしゅう

Please try to say "***Jā, mata*** 〈　　　〉." by using the following words.

つぎの ごいを つかって「じゃあ、また〈　　〉」と いってみて ください。

Vocabulary ごい

kondo *next time*　　raishū *next week*　　atode *later*
nichiyōbi *Sunday*

Conversation for the Key Expression 3 and 4
じゅうよう ひょうげん 3と 4を つかった かいわ れんしゅう

Please try to have a conversation by using the key expression 3 and 4.
じゅうよう ひょうげん 3と 4を つかった かいわを してみましょう。

: Ashita, doko de aimashōka? *Where should we meet tomorrow?*
あした、どこ で あいましょうか？

: Alisha-san no office de aimashō. *Let's meet at your office.*
アリーシャさん の オフィス で あいましょう。

: Watashi no office desuka? Arigatō gozaimasu.
Are you going to come to my office? Thank you very much.
わたし の オフィス ですか？ ありがとう ございます。

: Īe. Jā, mata ashita! *No problem. See you tomorrow, then!*
いいえ。じゃあ、また あした！

Please try to have a different conversation by using the vocabulary you have learned.
これまでに ならった ごいを つかって ちがう かいわを してみて ください。

● Note ●

6

At the ryokan (hotel)

しゅくはく さき で…
Shukuhaku saki de...

You can talk or ask someone working at a ryokan (hotel).
しゅくはく さきの ひとと はなしたり、たずねたり する ことが できます。

Key Expression じゅうよう ひょうげん

1 "Sumimasen, 〈　　　〉 wa doko desuka?"

Excuse me, where is ~ ?

Ex れい Sumimasen, ofuro wa doko desuka?
Excuse me, where is the bath?
すみません、おふろ は どこ ですか？

2 "〈　　　〉 ga hoshī desu. Doko ni arimasuka?"

I want ~ . Where can I get it?

Ex れい Omizu ga hoshī desu. Doko ni arimasuka?
I want a cup of water. Where can I get it?
おみず が ほしい です。どこ に ありますか？

3 "Kore wa 〈　　　〉 desuka?"

Is this ~ ?

Ex れい Kore wa yukata desuka?
Is this a yukata?
これ は ゆかた ですか？

4 "Totemo 〈　　　〉 desune."

It's really ~ .

Ex れい Totemo kirē desune.
It's really beautiful.
とても きれい ですね。

Practice for Key Expression 1 じゅうよう ひょうげん 1 の れんしゅう

Please try to say "***Sumimasen,*** 〈　　　〉 ***wa doko desuka?***" by using the following words.
つぎの ごいを つかって「すみません、〈　　〉は どこ ですか？」と いってみて ください。

Vocabulary ごい

front　shokuji no basho *place to eat*　game center *amusement game place*
bar　omiyage uriba *souvenir department*
kore *this one: show your map or information*

Practice for Key Expression 2 じゅうよう ひょうげん 2 の れんしゅう

Please try to say "〈　　　〉 ***ga hoshī desu. Doko ni arimasuka?***" by using the following words.
つぎの ごいを つかって「〈　　〉が ほしい です。どこ に ありますか？」と いってみて ください。

Vocabulary ごい

kagi *key*　panfuretto *brochure*　taoru *towel*
kore *this one: show your map or information*

Conversation for the Key Expression 1 and 2
じゅうよう ひょうげん 1と 2を つかった かいわ れんしゅう

Please try to have a conversation by using the key expression 1 and 2.
じゅうよう ひょうげん 1と 2を つかった かいわを してみましょう。

Alisha　Worker

: Sumimasen, bar wa doko desuka?
Excuse me, where is the bar?
すみません、バー は どこ ですか？

: Bar wa ikkai desu. *The bar is on the first floor.*
バー は いっかい です。

: Sorekara, kankōchi no panfuretto ga hoshī desu.
And I want to get some tourist brochures.
それから、かんこうち の パンフレット が ほしい です。

: Front ni arimasuyo! Dochira ni ikitai desuka?
There are some at the front desk! Where do you want to go?
フロント に ありますよ！ どちら に いきたい ですか？

: Suizokukan ni ikitai desu. *I want to go to the aquarium.*
すいぞくかん に いきたい です。

Please try to have a different conversation by using the vocabulary you have learned.
これまでに ならった ごいを つかって ちがう かいわを してみて ください。

Practice for Key Expression 3 じゅうよう ひょうげん 3 の れんしゅう

Please try to say "***Kore wa*** 〈　　　〉 ***desuka?***" by using the following words.

つぎの ごいを つかって「これ は〈　　〉ですか？」と いってみて ください。

Vocabulary ごい

nan *what: what is it?*　kinko *a safe*　wagashi *Japanese sweets*
sēka *fresh flower*

Practice for Key Expression 4 じゅうよう ひょうげん 4 の れんしゅう

Please try to say "***Totemo*** 〈　　　〉 ***desune.***" by using the following words.

つぎの ごいを つかって「とても〈　　〉ですね」と いってみて ください。

Vocabulary ごい

kirē *beautiful*　oishī *delicious*　takai *expensive*　ōkī *big*
chīsai *small*　ī *nice*　urusai *noisy*　atsui *feel hot*
samui *feel cold*　muzukashī *difficult*　kantan *easy*

Conversation for the Key Expression 3 and 4
じゅうよう ひょうげん 3と 4を つかった かいわ れんしゅう

Please try to have a conversation by using the key expression 3 and 4.
じゅうよう ひょうげん 3と 4を つかった かいわを してみましょう。

: Kore wa nan desuka? *What is this?*
これ は なん ですか？

: Yukata desu. Kite mite kudasai.
It's a Japanese bathrobe. Could you try to put it on?
ゆかた です。きて みて ください。

: Dō desuka? Kore wa totemo ī desune!
Is this right? Oh, it's really nice!
どう ですか？ これ は とても いい ですね！

: Sukoshi ōkī desune. Chīsai yukata wo motte kimasu.
Well, it's a little bit big for you. I'll bring a smaller one.
すこし おおきい ですね。ちいさい ゆかた を もって きます。

Please try to have a different conversation by using the vocabulary you have learned.
これまでに ならった ごいを つかって ちがう かいわを してみて ください。

● Note ●

7

Go shopping

かいもの に いく
Kaimono ni iku

You can ask someone near you.
You can buy something that you like.
ちかくの にほんじんに きく ことが できます。
かいものが できます。

Key Expression じゅうよう ひょうげん

1 "〈　　　〉uriba wa doko desuka?"

Where is ~ section?

Ex れい Sakana uriba wa doko desuka?
Where is the fish section?
さかな うりば は どこ ですか？

2 "Kono〈　　　〉wa sugoku karai desuka?"

Is this ~ very spicy (hot or dry or salty)?

Ex れい Kono curry rū wa sugoku karai desuka?
Is this curry roux very spicy?
この カレー ルー は すごく からい ですか？

3 "Nihon no〈　　　〉wa oishī desu."

Japanese ~ is really good.

Ex れい Nihon no bīru wa oishī desu.
Japanese beer is really good.
にほん の ビール は おいしい です。

4 "Watashi wa〈　　　〉wo kaitai desu."

I'd like to buy ~ .

Ex れい Watashi wa aka wine wo kaitai desu.
I'd like to buy a bottle of red wine.
わたし は あか ワイン を かいたい です。

Practice for Key Expression 1　じゅうよう ひょうげん 1 の れんしゅう

Please try to say "〈　　　〉*uriba wa doko desuka?*" by using the following words.
つぎの ごいを つかって「〈　　〉うりば は どこ ですか？」と いってみて ください。

Vocabulary ごい

niku *meat*　yasai *vegetables*　osake *alcohol*　yōfuku *clothes*
kutsu *shoes*　omocha *toys*　bunbōgu *stationery*

Practice for Key Expression 2　じゅうよう ひょうげん 2 の れんしゅう

Please try to say "***Kono*** 〈　　　〉 ***wa sugoku karai desuka?***" by using the following words.
つぎの ごいを つかって「この〈　　〉は すごく からい ですか？」と いってみて ください。

Vocabulary ごい

potato chips　karashi *mustard*　ramen　chōmiryō *seasonings*
ryōri *dish*

Conversation for the Key Expression 1 and 2
じゅうよう ひょうげん 1 と 2 を つかった かいわ れんしゅう

Please try to have a conversation by using the key expression 1 and 2.
じゅうよう ひょうげん 1 と 2 を つかった かいわを してみましょう。

: Cup ramen uriba wa doko desuka?
Where can I find the cup noodles?
カップ ラーメン うりば は どこ ですか？

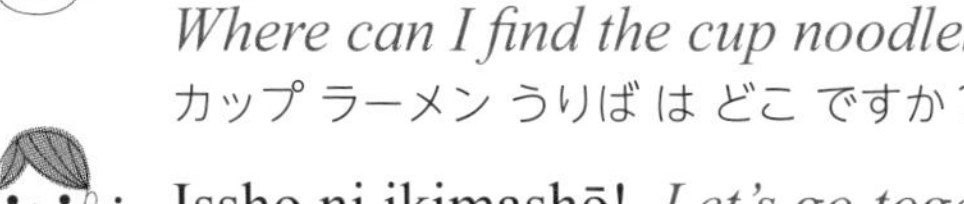

: Issho ni ikimashō! *Let's go together!*
いっしょ に いきましょう！

: Arigatō! …Kono cup ramen wa sugoku karai desuka?
Thanks! …Is this cup noodle very spicy?
ありがとう！…この カップ ラーメン は すごく からい ですか？

: Sukoshi karai desu. Tabun daijōbu desu!
Well, just a little bit. Maybe it's okay!
すこし からい です。たぶん だいじょうぶ です！

Please try to have a different conversation by using the vocabulary you have learned.
これまでに ならった ごいを つかって ちがう かいわを してみて ください。

Practice for Key Expression 3　じゅうよう ひょうげん 3 の れんしゅう

Please try to say "***Nihon no*** 〈　　　〉 ***wa oishī desu.***" by using the following words.

つぎの ごいを つかって「にほん の〈　　〉は おいしい です」と いってみて ください。

Vocabulary ごい

wine　nihonshu *Japanese rice wine*　shōkōshu *shaoxing wine*
whisky　shōchū *distilled spirits*　kan-chūhai *canned cocktail*

Practice for Key Expression 4　じゅうよう ひょうげん 4 の れんしゅう

Please try to say "***Watashi wa*** 〈　　　〉 ***wo kaitai desu.***" by using the following words.

つぎの ごいを つかって「わたし は〈　　〉を かいたい です」と いってみて ください。

Vocabulary ごい

niku *meat*　sakana *fish*　yasai *vegetables*　pan *bread*
ocha *Japanese tea*　okashi *sweets and snacks*　chōmiryō *seasonings*
tamago *eggs*　gyūnyū *milk*　osake *generic name of alcohol*　cheese

Conversation for the Key Expression 3 and 4
じゅうよう ひょうげん 3と 4を つかった かいわ れんしゅう

Please try to have a conversation by using the key expression 3 and 4.
じゅうよう ひょうげん 3と 4を つかった かいわを してみましょう。

: Nihon no pan wa oishī deshō?
Don't you think Japanese bread is delicious?
にほん の パン は おいしい でしょう？

: Sō omoimasu. Kyō wa shokupan wo kaitai desu.
I think so. Today, I want to buy plain bread.
そう おもいます。きょう は しょくぱん を かいたい です。

: Shokupan de sandwich wo tsukurimasuka?
Are you going to make sandwiches with plain bread?
しょくぱん で サンドウィッチ を つくりますか？

: Hai. Ham to cheese mo kaitai desu.
Yes. I want to buy ham and cheese, too.
はい。ハム と チーズ も かいたい です。

: Ham to cheese uriba wa kochira desu.
The ham and cheese section is this way.
ハム と チーズ うりば は こちら です。

Please try to have a different conversation by using the vocabulary you have learned.
これまでに ならった ごいを つかって ちがう かいわを してみて ください。

● Note ●

8

Eat and drink

いんしょく する
Inshoku suru

You can explain what you want to eat.
You can talk a little about foods.
たべたい ものが いえます。りょうりに ついて すこし はなせます。

Key Expression じゅうよう ひょうげん

1 "Watashi wa 〈　　　〉 ga tabetai desu."

I want to eat ~ .

Ex れい Watashi wa sushi ga tabetai desu.
I want to eat sushi.
わたし は すし が たべたい です。

2 "Watashi wa 〈　　　〉 ga dame desu."

I can't (eat) ~ .

Ex れい Watashi wa tamago ga dame desu.
I can't eat eggs.
わたし は たまご が ダメ です。

3 "Kono ryōri wa 〈　　　〉 desuka?"

Is this dish ~ ?

Ex れい Kono ryōri wa karai desuka?
Is this dish spicy?
この りょうり は からい ですか？

4 "Kono 〈　　　〉 wa oishī desu."

This ~ is delicious.

Ex れい Kono ramen wa oishī desu.
This ramen is delicious.
この ラーメン は おいしい です。

Practice for Key Expression 1　じゅうよう ひょうげん 1 の れんしゅう

Please try to say "***Watashi wa*** 〈　　　〉 ***ga tabetai desu.***" by using the following words.
つぎの ごいを つかって「わたし は〈　　〉が たべたい です」と いってみて ください。

Vocabulary ごい

chūka ryōri *Chinese dishes*　washoku *Japanese dishes*　steak
pizza　hamburger　Italian *Italian dishes*

Practice for Key Expression 2　じゅうよう ひょうげん 2 の れんしゅう

Please try to say "***Watashi wa*** 〈　　　〉 ***ga dame desu.***" by using the following words.
つぎの ごいを つかって「わたし は〈　　〉が ダメ です」と いってみて ください。

Vocabulary ごい

namazakana *raw fish*　nyūsēhin *dairy products*　butaniku *pork*
osake *generic name of alcohol*

Conversation for the Key Expression 1 and 2
じゅうよう ひょうげん 1と 2を つかった かいわ れんしゅう

Please try to have a conversation by using the key expression 1 and 2.
じゅうよう ひょうげん 1 と 2 を つかった かいわを してみましょう。

Alisha　Naomi

: Watashi wa shabushabu ga tabe tai desu.
I want to eat shabushabu.
わたし は しゃぶしゃぶ が たべたい です。

: Jā, shabushabu wo tabe ni ikimashō! *Ok, let's go eat shabushabu!*
じゃあ、しゃぶしゃぶ を たべ に いきましょう！

: Demo, watashi wa butaniku ga dame desu. *But I can't eat pork.*
でも、わたし は ぶたにく が だめ です。

: Daijōbu desu. Shabushabu wa gyūniku desu.
Don't worry. Shabushabu uses beef.
だいじょうぶ です。しゃぶしゃぶ は ぎゅうにく です。

: Sō desuka! Jā, hayaku tabetai desu!!
Really! Well then, I want to eat soon!!
そう ですか！じゃあ、はやく たべたい です!!

Please try to have a different conversation by using the vocabulary you have learned.
これまでに ならった ごいを つかって ちがう かいわを してみて ください。

Practice for Key Expression 3 じゅうよう ひょうげん３の れんしゅう

Please try to say "***Kono ryōri wa*** 〈　　　　〉 ***desuka?***" by using the following words.

つぎの ごいを つかって「この りょうり は〈　　〉ですか？」と いってみて ください。

Vocabulary ごい

amai *sweet*　　suppai *sour*　　amakarai *sweet and spicy*
nigai *bitter*　　shoppai *salty*

Practice for Key Expression 4 じゅうよう ひょうげん４の れんしゅう

Please try to say "***Kono*** 〈　　　　〉 ***wa oishī desu.***" by using the following words.

つぎの ごいを つかって「この〈　　〉は おいしい です」と いってみて ください。

Vocabulary ごい

misoshiru *miso soup*　　niku *meat*　　sakana *fish*　　ryōri *dish*
onigiri *rice ball*　　tempura

Conversation for the Key Expression 3 and 4
じゅうよう ひょうげん３と４を つかった かいわ れんしゅう

Please try to have a conversation by using the key expression 3 and 4.
じゅうよう ひょうげん３と４を つかった かいわを してみましょう。

: Kono shabushabu no tare wa karai desuka?
Is this shabushabu sauce spicy?
この しゃぶしゃぶ の たれ は からい ですか？

: Īe. Kore wa karakunai desu. Sukoshi suppai desu.
No. This is not spicy. It's a little bit sour.
いいえ。これ は からくない です。すこし すっぱい です。

: Dressing mitai desune. *It sounds like a salad dressing.*
ドレッシング みたい ですね。

: Watashi wa daisuki desu. Try shite kudasai.
I like it very much. Please try it.
わたし は だいすき です。トライ して ください。

: Hai… Oh, kono shabushabu wa oishī desu!
Okay…Oh, this shabushabu is delicious!
はい…おぉ、この しゃぶしゃぶ は おいしい です！

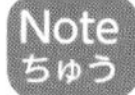

Please try to have a different conversation by using the vocabulary you have learned.
これまでに ならった ごいを つかって ちがう かいわを してみて ください。

● Note ●

9

At a tourist spot

かんこうち で…
Kankōchi de...

You can express your first impression.
You can buy souvenirs.
はじめて みた かんそうが ひょうげん できます。
おみやげが かえます。

Key Expression じゅうよう ひょうげん

1 "Hajimete 〈　　　〉 ni kimashita."

This is the first time I came to ~ .

Ex れい Hajimete Fujisan ni kimashita.
This is the first time I came to Mt. Fuji.
はじめて ふじさん に きました。

2 "Sugoi! 〈　　　〉 desune."

It is amazing! It's ~ .

Ex れい Sugoi! Utsukushī desune.
It is amazing! Its's beautiful.
すごい！ うつくしい ですね。

3 "Kore wa 〈　　　〉 desuka?"

Are these ~ ?

Ex れい Kore wa wagashi desuka?
Are there Japanese sweets?
これ は わがし ですか？

4 "Sumimasen, 〈　　　〉 yō de onegai shimasu."

Excuse me, please make it for ~ .

Ex れい Sumimasen, omiyage yō de onegai shimasu.
Excuse me, please gift wrap it.
すみません、おみやげ よう で おねがい します。

Practice for Key Expression 1 じゅうよう ひょうげん 1 の れんしゅう

Please try to say "***Hajimete*** 〈　　　〉 ***ni kimashita.***" by using the following words.
つぎの ごいを つかって「はじめて〈　　〉に きました」と いってみて ください。

Vocabulary ごい

otera *temple*　jinja *shrine*　oshiro *castle*　onsen *hot spring*
Hokkaido　Tokyo　Tokyo Disneyland　Osaka

Practice for Key Expression 2 じゅうよう ひょうげん 2 の れんしゅう

Please try to say "***Sugoi!*** 〈　　　〉 ***desune.***" by using the following words.
つぎの ごいを つかって「すごい！〈　　〉ですね」と いってみて ください。

Vocabulary ごい

ōkī *big*　chīsai *small*　nigiyaka *crowded*　shizuka *quiet*
atarashī *new*　furui *old*　takai *expensive / high / tall*
yasui *cheap*　romantic

Conversation for the Key Expression 1 and 2
じゅうよう ひょうげん 1 と 2 を つかった かいわ れんしゅう

Please try to have a conversation by using the key expression 1 and 2.
じゅうよう ひょうげん 1 と 2 を つかった かいわを してみましょう。

: Koko ga Asakusa desu. *This is Asakusa.*
ここ が あさくさ です。

: Wow… Hajimete asakusa ni kimashita!
Wow… This is the first time I've been to Asakusa!
わぉ… はじめて あさくさ に きました！

: Sō deshō? Dō desuka? *I know. What do you think?*
そう でしょう？ どう ですか？

: Sugoi! Nigiyaka desune! *It is amazing! It's very crowded!*
すごい！ にぎやか ですね！

: Hai. Yukkuri aruite mimashō. *Yes. Let's take a look stroll.*
はい。ゆっくり あるいて みましょう。

 Please try to have a different conversation by using the vocabulary you have learned.
これまでに ならった ごいを つかって ちがう かいわを してみて ください。

10

Practice for Key Expression 3　じゅうよう ひょうげん３の れんしゅう

Please try to say "***Kore wa*** 〈　　　〉 ***desuka?***" by using the following words.

つぎの ごいを つかって「これ は 〈　　〉ですか？」と いってみて ください。

Vocabulary ごい

nan *what is this?*　kanji *Chinese character*　omocha *toys*
naniaji *what does this taste like?*　honmono *genuine article*
nisemono *fake*　chocolate

Practice for Key Expression 4　じゅうよう ひょうげん４の れんしゅう

Please try to say "***Sumimasen,*** 〈　　　〉 ***yō de onegai shimasu.***" by using the following words.

つぎの ごいを つかって「すみません、〈　　〉よう で おねがい します」と いってみて ください。

Vocabulary ごい

purezento *gift*　jitaku *not a gift*

※ at the cash register, if you say omiyage yō (for souvenirs) or purezento yō (for gifts), a cashier will take the price tag out and wrap it nicely for you. If you say jitaku yō (I buy for myself), a cashier will leave the price tag and wrap it easily.

Conversation for the Key Expression 3 and 4
じゅうよう ひょうげん３と４を つかった かいわ れんしゅう

Please try to have a conversation by using the key expression 3 and 4.
じゅうよう ひょうげん３と４を つかった かいわを してみましょう。

Casher

: Kore wa honmono desuka? *Is this a genuine article?*
これ は ほんもの ですか？

: Hai, sō desu. *Yes, you are right.*
はい、そう です。

: Ī desune! Kore wo kaimashō! *I like it. I'll buy it!*
いい ですね！ これ を かいましょう！

: Reji wa asoko desu. *The cashier is over there.*
レジ は あそこ です。

: Sumimasen, omiyage yō de onegai shimasu. *Please gift wrap it.*
すみません、おみやげ よう で おねがい します。

: Kashikomarimashita. *Certainly.*
かしこまりました。

Please try to have a different conversation by using the vocabulary you have learned.
これまでに ならった ごいを つかって ちがう かいわを してみて ください。

● Note ●

10

Obtain permission

きょか を とる
Kyoka wo toru

You can ask permission to do things.
なにかを しても いいか どうかに ついて きく ことが できます。

Key Expression じゅうよう ひょうげん

1 “Koko de 〈 〉 ga arimasuka?”

Is there ~ here?

Ex れい Koko de omatsuri ga arimasuka?
Is there a festival here?
ここ で おまつり が ありますか？

2 “〈 〉 mo ī desuka?”

May I ~ ?

Ex れい Yukata wo kite mo ī desuka?
May I wear a yukata?
ゆかた を きて も いい ですか？

3 “〈 〉 sete kudasai.”

Please let me ~ .

Ex れい Saisho ni yarasete kudasai.
Please let me try first.
さいしょ に やらせて ください。

4 “Hai, 〈 ① 〉.” “Īe, 〈 ② 〉.”

Yes, 〈 ① 〉. No, 〈 ② 〉

Ex れい ① Hai, ī desu. ② Īe, dame desu.
① *Yes, you may.* ② *No, please don't.*
① はい、いい です。 ② いいえ、ダメ です。

Practice for Key Expression 1 じゅうよう ひょうげん 1 の れんしゅう

Please try to say "***Koko de* 〈　　　〉 *ga arimasuka?***" by using the following words.
つぎの ごいを つかって「ここ で〈　　〉が ありますか？」と いってみて ください。

Vocabulary ごい

Ninja show　hanabi taikai *fireworks display*
nani *what is here?*　party　furī māketto *flea market*

Practice for Key Expression 2 じゅうよう ひょうげん 2 の れんしゅう

Please try to say "〈　　　〉 ***mo ī desuka?***" by using the following words.
つぎの ごいを つかって「〈　　〉も いい ですか？」と いってみて ください。

Vocabulary ごい

sanka shite *join*　shashin wo totte *take a picture*　nonde *drink*
tabete *eat*　sawatte *touch*

Conversation for the Key Expression 1 and 2
じゅうよう ひょうげん 1 と 2 を つかった かいわ れんしゅう

Please try to have a conversation by using the key expression 1 and 2.
じゅうよう ひょうげん 1 と 2 を つかった かいわを してみましょう。

Alisha

Naomi

: Koko de hanabi taikai ga arimasuka?
Will there be a fireworks display here?
ここ で はなび たいかい が ありますか？

: Hai. Hanabi ga mitai desuka?
Yes, there will. Do you want to see fireworks?
はい。はなび が みたい ですか？

: Hai. Soshite, yukata wo kite mo ī desuka?
Yes. Also, may I wear a yukata?
はい。そして、ゆかた を きて も いい ですか？

: Sō desune. Watashi mo yukata wo kimashō.
That's good. I'll wear a yukata, too.
そう ですね。わたし も ゆかた を きましょう。

: Jā, yukata de hanabi wo mimashō.
Okay, let's wear yukatas and watch fireworks.
じゃあ、ゆかた で はなび を みましょう。

Please try to have a different conversation by using the vocabulary you have learned.
これまでに ならった ごいを つかって ちがう かいわを してみて ください。

11

Practice for Key Expression 3 じゅうよう ひょうげん 3 の れんしゅう

Please try to say "〈　　　〉 ***sete kudasai.***" by using the following words.

つぎの ごいを つかって「〈　　〉せて ください」と いってみて ください。

Vocabulary ごい

tsukawa *use*　kaka *write*　kika *listen*　tomara *stay overnight*
ogora *treat*　kawa *buy*　tsukura *make / cook*　sa *let me do*

Practice for Key Expression 4 じゅうよう ひょうげん 4 の れんしゅう

Please try to say "***Hai,*** 〈　①　〉." "***Īe,*** 〈　②　〉." by using the following words.

つぎの ごいを つかって「① はい、〈　　〉」「② いいえ、〈　　〉」と いってみて ください。

Vocabulary ごい

① daijōbu desu *no problem, it's okay*　dōzo *please, go ahead*
② dekimasen *cannot*　sumimasen *sorry*　gomennasai *sorry*

Conversation for the Key Expression 3 and 4
じゅうよう ひょうげん 3と 4を つかった かいわ れんしゅう

Please try to have a conversation by using the key expression 3 and 4.
じゅうよう ひょうげん 3と 4を つかった かいわを してみましょう。

: Minna de shashin wo torimashō. *Let's take a picture with everyone.*
みんな で しゃしん を とりましょう。

: Sore wo SNS* ni tsukawasete kudasai.
Can I use that for social media?
それ を SNS に つかわせて ください。

: Īe. SNS wa gomennasai.
No. I'm sorry. Please don't use it for social media.
いいえ。SNS は ごめんなさい。

: Jā, kinen ni ichimai torimashō.
Okay, let's take a picture in commemoration.
じゃあ、きねん に いちまい とりましょう。

: Ī desune! Sō shimashō. *That's good! Let's do it.*
いい ですね！ そう しましょう。

＊ SNS (social networking service) = Social media

Please try to have a different conversation by using the vocabulary you have learned.
これまでに ならった ごいを つかって ちがう かいわを してみて ください。

● Note ●

11

To ask a favor

おねがい を する
Onegai wo suru

GOAL もくひょう

You can make a request when you are in trouble.
You can ask when you don't know how to do it.
こまった とき、おねがいが できます。
やりかたが わからない とき、その やりかたを きく ことが できます。

Key Expression じゅうよう ひょうげん

1 "〈　　　〉ga itai desu."

~ hurts. / I have a(an) ~ ache.

Ex れい Ha ga itai desu.
I have a toothache.
は が いたい です。

2 "(chikai)〈　　　〉wo oshiete kudasai."

Please tell me a (nearby) ~ .

Ex れい (chikai) Byōin wo oshiete kudasai.
Please tell me where a (nearby) hospital is.
(ちかい) びょういん を おしえて ください。

3 "〈　　　〉kata wa dō desuka?"

How do you ~ ?

Ex れい Soba no tabekata wa dō desuka?
How do you eat soba?
そば の たべかた は どう ですか？

4 "〈　　　〉. Arigatō gozaimashita."

~ . Thank you very much.

Ex れい Naruhodo. Arigatō gozaimashita.
I see. Thank you very much.
なるほど。ありがとう ございました。

Practice for Key Expression 1 じゅうよう ひょうげん 1 の れんしゅう

Please try to say "〈 〉 ***ga itai desu.***" by using the following words.
つぎの ごいを つかって「〈 〉が いたい です」と いってみて ください。

Vocabulary ごい

onaka *stomach* atama *head* mune *chest* ashi *leg* me *eye*
nodo *throat* koshi *back* kinniku *muscle*

Practice for Key Expression 2 じゅうよう ひょうげん 2 の れんしゅう

Please try to say "〈 〉 ***wo oshiete kudasai.***" by using the following words.
つぎの ごいを つかって「〈 〉を おしえて ください」と いってみて ください。

Vocabulary ごい

yakkyoku *drugstore* denwa bangō *telephone number* namae *name*
omise *shop* e-mail address

Conversation for the Key Expression 1 and 2
じゅうよう ひょうげん 1 と 2 を つかった かいわ れんしゅう

Please try to have a conversation by using the key expression 1 and 2.
じゅうよう ひょうげん 1 と 2 を つかった かいわを してみましょう。

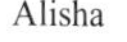

: Alisha-san, genki desuka? *Alisha, how are you?*
アリーシャさん、げんき ですか？

: Atama ga itai desu. Yakkyoku wo oshiete kudasai.
I have a headache. Please tell me where a drugstore is.
あたま が いたい です。やっきょく を おしえて ください。

: Byōin ni ikimasuka?
Do you want to go to a hospital?
びょういん に いきますか？

: Īe, kusuri wo kaitai desu.
No, I want to buy some medicine.
いいえ、くすり を かいたい です。

: Wakarimashita. *Okay.*
わかりました。

Please try to have a different conversation by using the vocabulary you have learned.
これまでに ならった ごいを つかって ちがう かいわを してみて ください。

Practice for Key Expression 3 じゅうよう ひょうげん 3 の れんしゅう

Please try to say "〈　　　〉 ***kata wa dō desuka?***" by using the following words.

つぎの ごいを つかって「〈　　〉かた は どう ですか？」と いってみて ください。

Vocabulary ごい

nomi *how do you drink*
asobi *how do you play*
odori *how do you dance*
omairi no shi *how do you pray*
tabe *how do you eat*
tsukai *how do you use*
kai *how do you buy*

Practice for Key Expression 4 じゅうよう ひょうげん 4 の れんしゅう

Please try to say "〈　　　〉***. Arigatō gozaimashita.***" by using the following words.

つぎの ごいを つかって「〈　　〉。ありがとう ございました」と いってみて ください。

Vocabulary ごい

wakarimashita *I understood*
omoshiroi desu *it's funny*
tasukarimashita *it was a big help*
tanoshī desu *it's fun*

Conversation for the Key Expression 3 and 4
じゅうよう ひょうげん 3と 4を つかった かいわ れんしゅう

Please try to have a conversation by using the key expression 3 and 4.
じゅうよう ひょうげん 3と 4を つかった かいわを してみましょう。

: Hajimete Meiji Jingū ni kimashita. *It's my first time at Meiji Jingu.*
はじめて めいじ じんぐう に きました。

: Watashi mo hisashiburi desu.
It's been a while since I've been here.
わたし も ひさしぶり です。

: Omairi no shikata wa dō desuka? *How do you pray at the shrine?*
おまいり の しかた は どう ですか？

: Kozeni wo junbi shite kudasai. *Let's pray with some coins.*
こぜに を じゅんび して ください。

: Kozeni? Naruhodo. *Some coins? I see.*
こぜに？ なるほど。

Please try to have a different conversation by using the vocabulary you have learned.
これまでに ならった ごいを つかって ちがう かいわを してみて ください。

● Note ●

12

To invite

さそう
Sasou

You can invite friends where you want to go.
いきたい ところに ともだちを さそう ことが できます。

Key Expression じゅうよう ひょうげん

1 "Nihon wa totemo 〈　　　〉 to kikimashita."

I heard that ~ in Japan.

Ex れい Nihon wa totemo anzen to kikimashita.
I heard that it is very safe in Japan.
にほん は とても あんぜん と ききました。

2 "Watashi to issho ni 〈　　　〉 ni ikimasenka?"

Would you like to go ~ with me?

Ex れい Watashi to issho ni Hokkaido ni ikimasenka?
Would you like to go to Hokkaido with me?
わたし と いっしょ に ほっかいどう に いきませんか？

3 "Watashi wa raishū 〈　　　〉 wo shimasu."

I'm going to ~ next week.

Ex れい Watashi wa raishū hanami wo shimasu.
I'm going to have a cherry-blossom viewing next week.
わたし は らいしゅう はなみ を します。

4 "Anata mo 〈　　　〉 ni kimasenka?"

Why don't you come to ~ ?

Ex れい Anata mo kōen ni kimasenka?
Why don't you come to the park?
あなた も こうえん に きませんか？

Practice for Key Expression 1 じゅうよう ひょうげん 1 の れんしゅう

Please try to say "***Nihon wa totemo*** 〈 〉 ***to kikimashita.***" by using the following words.
つぎの ごいを つかって「にほん は とても〈 〉と ききました」と いってみて ください。

Vocabulary ごい

tabemono ga oishī *food is good*　shizen ga utsukushī *nature is beautiful*
machi ga kirei *cities are clean*　hito ga shinsetsu *people are nice*

Practice for Key Expression 2 じゅうよう ひょうげん 2 の れんしゅう

Please try to say "***Watashi to issho ni*** 〈 〉 ***ni ikimasenka?***" by using the following words.
つぎの ごいを つかって「わたし と いっしょ に〈 〉に いきませんか？」と いってみて ください。

Vocabulary ごい

Kyoto　Fujisan *Mt. Fuji*　party　ski　ēga *theater*
dōbutsuen *zoo*　omatsuri *festival*　neko café *cat café*

Conversation for the Key Expression 1 and 2
じゅうよう ひょうげん 1 と 2を つかった かいわ れんしゅう

Please try to have a conversation by using the key expression 1 and 2.
じゅうよう ひょうげん 1 と 2を つかった かいわを してみましょう。

Alisha

Naomi

: Nikko wa shizen ga utsukushī to kikimashita.
I heard that the nature view is very beautiful in Nikko.
にっこう は しぜん が うつくしい と ききました。

: Sō desu. Totemo utsukushī desu. *That's right. It is very beautiful.*
そう です。とても うつくしい です。

: Watashi to issho ni ikimasenka? *Would you like to go with me?*
わたし と いっしょ に いきませんか？

: Hai! Itsu ikimasuka? *Yes! When do you plan to go?*
はい！ いつ いきますか？

: Raigetsu iku yotē desu. *I'm planning to go next month.*
らいげつ いく よてい です。

Note ちゅう Please try to have a different conversation by using the vocabulary you have learned.
これまでに ならった ごいを つかって ちがう かいわを してみて ください。

13

Practice for Key Expression 3 じゅうよう ひょうげん３の れんしゅう

Please try to say "***Watashi wa raishū* 〈　　　〉 *wo shimasu.*" by using the following words.

つぎの ごいを つかって「わたし は らいしゅう〈　　〉を します」と いってみて ください。

Vocabulary ごい

barbecue　event　shigoto *work*
mochitsuki *pounding rice cake*　game　party

Practice for Key Expression 4 じゅうよう ひょうげん４の れんしゅう

Please try to say "***Anata mo* 〈　　　〉 *ni kimasenka?*" by using the following words.

つぎの ごいを つかって「あなた も〈　　〉に きませんか？」と いってみて ください。

Vocabulary ごい

uchi *my house*　kōen *park*　jinja *shrine*　kaisha *office*
eki *train station*　Shibuya　shopping

Conversation for the Key Expression 3 and 4
じゅうよう ひょうげん ３と４を つかった かいわ れんしゅう

Please try to have a conversation by using the key expression 3 and 4.
じゅうよう ひょうげん ３と４を つかった かいわを してみましょう。

: Raishū no nichiyōbi ni barbecue wo shimasu.
I will have a barbecue next Sunday.
らいしゅう の にちようび に バーベキュー を します。

: Doko de shimasuka? *Where will it be?*
どこ で しますか？

: Watashi no uchi desu. Anata mo kimasenka?
I'll have it at my house. Why don't you come to my house?
わたし の うち です。あなた も きませんか？

: Ī desuka? Ureshī desu. *May I? I'm happy to join in.*
いい ですか？ うれしい です。

: Gogo sanji ni kite kudasai. *Please come at three in the afternoon.*
ごご さんじ に きて ください。

Note ちゅう Please try to have a different conversation by using the vocabulary you have learned.
これまでに ならった ごいを つかって ちがう かいわを してみて ください。

Note

13

Make easy small talk

せけん ばなし を する
Seken banashi wo suru

You enjoy simple conversations with neighbors and people in the workplace.
きんじょの ひとや しょくばの ひとと かんたんな かいわを たのしむ ことが できます。

Key Expression じゅうよう ひょうげん

1 "Anata wa 〈　　　〉 ga suki desuka?"

Do you like ~ ?

Ex れい Anata wa karaoke ga suki desuka?
Do you like karaoke?
あなた は カラオケ が すき ですか？

2 "〈　　　〉." (あいづち)

~. (nod)

Ex れい Watashi mo desu.
Me, too.
わたし も です。

3 "Kyō wa 〈　　　〉 desune." (てんき)

It's ~ today, isn't it? (weather)

Ex れい Kyō wa ī tenki desune.
It's a good weather today, isn't it?
きょう は いい てんき ですね。

4 "〈　　　〉 shitai desune?"

I want to ~ . Don't you?

Ex れい Sanpo shitai desune?
I want to go for a walk. Don't you?
さんぽ したい ですね？

Practice for Key Expression 1 じゅうよう ひょうげん 1 の れんしゅう

Please try to say "***Anata wa*** 〈　　　〉 ***ga suki desuka?***" by using the following words.
つぎの ごいを つかって「あなた は〈　　〉が すき ですか?」と いってみて ください。

Vocabulary ごい

kuruma no unten *driving a car*　ryōri *cooking*
dokusho *reading books*　ryokō *trip*　ēgo *English*
watashi no kuni *my country*　camping

Practice for Key Expression 2 じゅうよう ひょうげん 2 の れんしゅう

Please try to say "〈　　　〉. (nod)" by using the following words.
つぎの ごいを つかって「〈　　〉(あいづち)」と いってみて ください。

Vocabulary ごい

Hontō? *really?*　Ī desune! *awesome!*　Naruhodo... *I see...*
Sō desune... *I agree...*　Ureshī desu *I'm glad*　Zannen desu *it is a pity*

Conversation for the Key Expression 1 and 2
じゅうよう ひょうげん 1 と 2 を つかった かいわ れんしゅう

Please try to have a conversation by using the key expression 1 and 2.
じゅうよう ひょうげん 1 と 2 を つかった かいわを してみましょう。

Alisha

Naomi

 : Anata wa kuruma no unten ga suki desuka?
Do you like driving a car?
あなた は くるま の うんてん が すき ですか?

 : Hai, totemo suki desu.
Yes, I like it very much.
はい、とても すき です。

 : Hontō? Watashi wa rūru ga muzukashī desu.
Really? Traffic rules are difficult for me.
ほんとう? わたし は ルール が むずかしい です。

 : Naruhodo. Muzukashī desune. *I see. It is difficult.*
なるほど。むずかしい ですね。

Please try to have a different conversation by using the vocabulary you have learned.
これまでに ならった ごいを つかって ちがう かいわを してみて ください。

14

Practice for Key Expression 3 じゅうよう ひょうげん 3 の れんしゅう

Please try to say "***Kyō wa*** 〈　　　〉 ***desune.*** (weather) " by using the following words.

つぎの ごいを つかって「きょう は〈　　〉ですね (てんき)」と いってみて ください。

Vocabulary ごい

ame *rainy*　　yuki *snowy*　　kumori *cloudy*　　samui *cold*
suzushī *cool*　　atsui *hot*　　atatakai *warm*　　jimejime *humid and sticky*

Practice for Key Expression 4 じゅうよう ひょうげん 4 の れんしゅう

Please try to say "〈　　　〉 ***shitai desune?***" by using the following words.

つぎの ごいを つかって「〈　　〉したい ですね？」と いってみて ください。

Vocabulary ごい

soto de lunch *lunch outside*　　tennis　　gardening　　tsuri *fishing*
party　　shopping　　picnic

Conversation for the Key Expression 3 and 4
じゅうよう ひょうげん 3と 4を つかった かいわ れんしゅう

Please try to have a conversation by using the key expression 3 and 4.
じゅうよう ひょうげん 3と 4を つかった かいわを してみましょう。

: Kyō wa ī tenki desune.　*It's good weather today isn't it?*
きょう は いい てんき ですね。

: Hai, sō desune. Soshite, atatakai desune.
Yes, I agree. Also, it's warm today.
はい、そう ですね。そして、あたたかい ですね。

: Konna hi wa soto de lunch shitai desune.
I want to have lunch outside on such a day.
こんな ひ は そと で ランチ したい ですね。

: Sō desune. Soto de nani ga tabetai desuka?
I agree. What do you want to eat outside?
そう ですね。そと で なに が たべたい ですか？

: Hamburger to fried potato desu!!!
Hamburger and French fries!!!
ハンバーガー と フライドポテト です！！！

Please try to have a different conversation by using the vocabulary you have learned.
これまでに ならった ごいを つかって ちがう かいわを してみて ください。

● Note ●

14

To say impressions

かんそう を いう
Kansō wo yū

You can say your impression of things in Japan.
You can say your impression of what you experienced.
にほんの ことに ついて かんそうが いえます。
たいけんした かんそうが いえます。

Key Expression じゅうよう ひょうげん

1 "Nihon no 〈　　　〉 wa dō omoimasuka?"

What do you think about ~ in Japan?

Ex れい Nihon no tabemono wa dō omoimasuka?
What do you think about food in Japan?
にほん の たべもの は どう おもいますか？

2 "Totemo 〈　　　〉 to omoimasu."

I think it's very ~ .

Ex れい Totemo ī to omoimasu.
I think it's very good.
とても いい と おもいます。

3 "Kinō 〈　　　〉 wo shimashita."

I did ~ yesterday.

Ex れい Kinō ninja taiken wo shimashita.
I had a ninja lesson yesterday.
きのう にんじゃ たいけん を しました。

4 "〈　　　〉 katta desu."

It was ~ .

Ex れい Tanoshikatta desu.
It was fun.
たのしかった です。

PART 1

Practice for Key Expression 1 じゅうよう ひょうげん 1 の れんしゅう

Please try to say "***Nihon no*** 〈　　　〉 ***wa dō omoimasuka?***" by using the following words.
つぎの ごいを つかって「にほん の〈　　〉は どう おもいますか？」と いってみて ください。

Vocabulary ごい

shizen *nature*　tabemono *foods*　hitobito *people*　machi *city*
onsen *hot spring*　densha *train*　toire *toilet*

Practice for Key Expression 2 じゅうよう ひょうげん 2 の れんしゅう

Please try to say "***Totemo*** 〈　　　〉 ***to omoimasu.***" by using the following words.
つぎの ごいを つかって「とても〈　　〉と おもいます」と いってみて ください。

Vocabulary ごい

ī *good*　subarashī *wonderful*　oishī *taste good*　urusai *noisy*
kirēda *clean or beautiful*　shinsetsuda *kind*　fushinsetsuda *not kind*
shizukada *quiet*　konderu *crowded*

Conversation for the Key Expression 1 and 2
じゅうよう ひょうげん 1 と 2 を つかった かいわ れんしゅう

Please try to have a conversation by using the key expression 1 and 2.
じゅうよう ひょうげん 1 と 2 を つかった かいわを してみましょう。

Alisha

Naomi

: Nihon no densha wa dō omoimasuka?
What do you think about the train in Japan?
にほん の でんしゃ は どう おもいますか？

: Shizukasugida to omoimasu. *I think it's too quiet.*
しずかすぎだ と おもいます。

: Shizukasugi desuka? *Is it too quiet?*
しずかすぎ ですか？

: Demo, kirēda to omoimasu. *But I think it's clean.*
でも、きれいだ と おもいます。

: Naruhodo…! *I agree…!*
なるほど…!

15

Note ちゅう Please try to have a different conversation by using the vocabulary you have learned.
これまでに ならった ごいを つかって ちがう かいわを してみて ください。

Practice for Key Expression 3　じゅうよう ひょうげん 3 の れんしゅう

Please try to say "***Kinō*** 〈　　　　〉 ***wo shimashita.***" by using the following words.

つぎの ごいを つかって「きのう〈　　〉を しました」と いってみて ください。

Vocabulary ごい

sadō taiken *tea ceremony lesson*　　ikebana taiken *ikebana lesson*
kimono de satsuē *take picture with kimono*
tera shugyō taiken *the temple training lesson*

Practice for Key Expression 4　じゅうよう ひょうげん 4 の れんしゅう

Please try to say "〈　　　　〉 ***katta desu.***" by using the following words.

つぎの ごいを つかって「〈　　〉かった です」と いってみて ください。

Vocabulary ごい

yo *good*　　subarashi *wonderful*　　muzukashi *difficult*　　ureshi *happy*
tanoshi *fun*　　yasashi *easy*　　tsura *hard*

Conversation for the Key Expression 3 and 4
じゅうよう ひょうげん 3と 4を つかった かいわ れんしゅう

Please try to have a conversation by using the key expression 3 and 4.
じゅうよう ひょうげん 3と 4を つかった かいわを してみましょう。

: Kinō tera shugyō taiken wo shimashita.
I did the temple training lesson yesterday.
きのう てら しゅぎょう たいけん を しました。

: Hēēē, dō deshitaka? *Wow…how was it?*
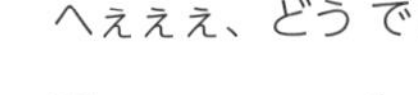
へぇぇぇ、どう でしたか？

: Totemo tsurakatta desu. Demo yokatta desu.
It was really hard. But it was also good.
とても つらかった です。でも よかった です。

: Mata tera shugyō wo shitai desuka?
Do you want to do the temple training again?

また てら しゅぎょう を したい ですか？

: Nnn… sukoshi kangaemasu! *Well… I'll think about it!*
ん… すこし かんがえます！

Please try to have a different conversation by using the vocabulary you have learned.
これまでに ならった ごいを つかって ちがう かいわを してみて ください。

● Note ●

15

Invited to someone's home

いえ に まねかれる
Ie ni manekareru

You can represent invited thanks also you can talk about different cultures.
しょうたい された かんしゃを あらわして、ちがう ぶんかに ついて はなす ことが できます。

Key Expression じゅうよう ひょうげん

1 "Ojama shimasu."

I am coming in. (this phrase is cliche when entering someone's house)

Ex れい Konnichiwa. Ojama shimasu.
Hello. I'm coming in.
こんにちは。おじゃま します。

2 "Kore wa watashi no kuni no 〈 〉 desu. Dōzo."

This is ~ from my country. Please try this.

Ex れい Kore wa watashi no kuni no coffee desu. Dōzo.
This is my country's coffee. Please try this.
これ は わたし の くに の コーヒー です。どうぞ。

3 "Watashi no kuni dewa ocha wo 〈 〉 nomimasu."

In my country, we drink tea ~ .

Ex れい Watashi no kuni dewa ocha wo mainichi nomimasu.
In my country, we drink tea every day.
わたし の くに では おちゃ を まいにち のみます。

4 "Nihon-jin wa 〈 〉 wo takusan tabemasu."

Japanese eat a lot of ~ .

Ex れい Nihon-jin wa sakana wo takusan tabemasu.
Japanese eat a lot of fish.
にほんじん は さかな を たくさん たべます。

Practice for Key Expression 1 じゅうよう ひょうげん 1 の れんしゅう

The following words are typical phrases at someone's house entrance. Please try practicing words.
つぎの ごいは、げんかんで いう フレーズ です。れんしゅう してみて ください。

Vocabulary ごい

(Your name) desu. *My name is ~ .* Konnichiwa. *Hello.*
Goshōtai arigatō gozaimasu. *Thank you for your invitation.*

Practice for Key Expression 2 じゅうよう ひょうげん 2 の れんしゅう

Please try to say "***Kore wa watashi no kuni no* 〈　　　〉 *desu. Dōzo.***" by using the following words.
つぎの ごいを つかって「これ は わたし の くに の〈　　〉です。どうぞ」と いってみて ください。

Vocabulary ごい

okashi *sweets and snacks* ocha *tea* osake *alcohol* kaban *bag*
tabemono *foods* spice chōmiryō *seasoning*

Conversation for the Key Expression 1 and 2
じゅうよう ひょうげん 1 と 2 を つかった かいわ れんしゅう

Please try to have a conversation by using the key expression 1 and 2.
じゅうよう ひょうげん 1 と 2 を つかった かいわを してみましょう。

Alisha

Naomi

: Alisha desu. Konnichiwa. *Hello, I'm Alisha.*
アリーシャ です。こんにちは。

: Konnichiwa. Yōkoso. Dōzo, haitte kudasai.
Hello. Welcome to my house. Please come in.
こんにちは。ようこそ。どうぞ、はいって ください。

: Hai, ojama shimasu. *Thank you. I'm coming in.*
はい、おじゃま します。

: Kite kurete arigatō. *Thank you for coming to my house.*
きて くれて ありがとう。

: Kore wa watashi no kuni no okashi desu. Dōzo.
This is my country's sweets. Please take this gift.
これ は わたし の くに の おかし です。どうぞ。

: Sore wa arigatō. Ato de tabemashō. *Thanks for that. Let's eat it later.*
それ は ありがとう。あと で たべましょう。

Please try to have a different conversation by using the vocabulary you have learned.
これまでに ならった ごいを つかって ちがう かいわを してみて ください。

Practice for Key Expression 3　じゅうよう ひょうげん 3 の れんしゅう

Please try to say "***Watashi no kuni dewa ocha wo*** 〈　　　〉 ***nomimasu.***" by using the following words.

つぎの ごいを つかって「わたし の くに では おちゃ を〈　　〉のみます」と いってみて ください。

Vocabulary ごい

mainichi *everyday*　　takusan *a lot*　　tokidoki *sometimes*
shokuji no mae ni *before the meal*　　shokuji no ato ni *after the meal*
shokuji to issho ni *with the meal*

Practice for Key Expression 4　じゅうよう ひょうげん 4 の れんしゅう

Please try to say "***Nihon-jin wa*** 〈　　　〉 ***wo takusan tabemasu.***" by using the following words.

つぎの ごいを つかって「にほんじん は〈　　〉を たくさん たべます」と いってみて ください。

Vocabulary ごい

sakana *fish*　　yasai *vegetables*　　okome *rice*　　udon　　soba

Conversation for the Key Expression 3 and 4
じゅうよう ひょうげん 3と 4を つかった かいわ れんしゅう

Please try to have a conversation by using the key expression 3 and 4.
じゅうよう ひょうげん 3と 4を つかった かいわを してみましょう。

: America-jin wa coffee wo itsu nomimasuka?
When do Americans drink coffee?
アメリカじん は コーヒー を いつ のみますか？

: Sō desune, shokuji to issho desu. *Well, we drink it with meals.*
そうですね、しょくじ と いっしょ です。

: Takusan no Nihon-jin wa shokuji no ato desune.
Many Japanese drink it after meals.
たくさん の にほんじん は しょくじ の あと ですね。

: Tokorode, Nihon-jin wa sakana wo takusan tabemasune.
By the way, Japanese eat a lot of fish, don't they?
ところで、にほんじん は さかな を たくさん たべますね。

: Hai, Nihon-jin wa sakana ga daisuki desu. *Yes, Japanese love fish.*
はい、にほんじん は さかな が だいすき です。

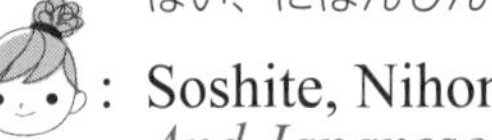: Soshite, Nihon-jin wa yasai mo takusan tabemasu.
And Japanese eat a lot of vegetables, too.
そして、にほんじん は やさい も たくさん たべます。

Please try to have a different conversation by using the vocabulary you have learned.
これまでに ならった ごいを つかって ちがう かいわを してみて ください。

● Note ●

About cooking 1 Ask how to cook Japanese style cooking

りょうり に ついて 1: わしょく の つくりかた を きく

Ryōri ni tsuite 1: Washoku no tsukurikata wo kiku

You can ask how to cook dishes which you like.
すきな りょうりの つくりかたを きく ことが できます。

Key Expression じゅうよう ひょうげん

1 "Kono ryōri wa 〈　　　〉 ryōri desuka?"

Is this dish ~ ?

Ex れい Kono ryōri wa mushi ryōri desuka?
Is this dish steamed?
この りょうり は むし りょうり ですか？

2 "Chōmiryō wa 〈　　　〉 to 〈　　　〉 desuka?"

Are these seasonings ~ and ~ ?

Ex れい Chōmiryō wa shio to satō desuka?
Are these seasonings salt and sugar?
ちょうみりょう は しお と さとう ですか？

3 "〈　　　〉, issho ni tsukuritai desu."

~ , I want to cook together.

Ex れい Zehi, issho ni tsukuritai desu.
Definitely, I want to cook together.
ぜひ、いっしょ に つくりたい です。

4 "Butaniku wo 〈　　　〉 ni dekimasuka?"

Is it possible to change pork to ~ ?

Ex れい Butaniku wo toriniku ni dekimasuka?
Is it possible to change the pork to chicken?
ぶたにく を とりにく に できますか？

Practice for Key Expression 1 じゅうよう ひょうげん 1 の れんしゅう

Please try to say "***Kono ryōri wa*** 〈　　　〉 ***ryōri desuka?***" by using the following words.
つぎの ごいを つかって「この りょうり は〈　　〉りょうり ですか？」と いってみて ください。

Vocabulary ごい

age *fried*　mushi *steamed*　itame *stir-fried*　nikomi *stewed*
nani *what: what is this dish?*

Practice for Key Expression 2 じゅうよう ひょうげん 2 の れんしゅう

Please try to say "***Chōmiryō wa*** 〈　　　〉 ***to*** 〈　　　〉 ***desuka?***" by using the following words.
つぎの ごいを つかって「ちょうみりょう は〈　　〉と〈　　〉ですか？」と いってみて ください。

Vocabulary ごい

dashi *broth*　shio *salt*　koshō *pepper*　shōyu *soy sauce*
sake *Japanese sake*　mirin *sweet sake*　satō *sugar*
nan *what: what seasonings do you use?*

Conversation for the Key Expression 1 and 2
じゅうよう ひょうげん 1 と 2 を つかった かいわ れんしゅう

Please try to have a conversation by using the key expression 1 and 2.
じゅうよう ひょうげん 1 と 2 を つかった かいわを してみましょう。

: Kono ryōri wa nikomi ryōri desuka? *Is this dish stewed?*
この りょうり は にこみ りょうり ですか？

: Hai, washoku wa nikomi ryōri ga ōi desu.
Yes, Japanese cooking has many stewed dishes.
はい、わしょく は にこみ りょうり が おおい です。

Alisha

Naomi

: Chōmiryō wa nan desuka? *What seasonings do you use?*
ちょうみりょう は なん ですか？

: Dashi to satō to sake to shōyu desu.
I use Japanese broth, sugar, Japanese sake, and soy sauce.
だし と さとう と さけ と しょうゆ です。

: Memo shimasu. Mōichido onegai shimasu.
I'm going to take a memo. Please repeat it.
メモ します。もういちど おねがい します。

Please try to have a different conversation by using the vocabulary you have learned.
これまでに ならった ごいを つかって ちがう かいわを してみて ください。

Practice for Key Expression 3　じゅうよう ひょうげん 3 の れんしゅう

Please try to say "〈　　　〉*, issho ni tsukuritai desu.*" by using the following words.

つぎの ごいを つかって「〈　　〉、いっしょ に つくりたい です」と いってみて ください。

Vocabulary ごい

zehi *definitely*　　mochiron *of course*　　naraitai kara *because I want to learn*

Practice for Key Expression 4　じゅうよう ひょうげん 4 の れんしゅう

Please try to say "***Butaniku wo*** 〈　　　〉 ***ni dekimasuka?***" by using the following words.

つぎの ごいを つかって「ぶたにく を〈　　〉に できますか？」と いってみて ください。

Vocabulary ごい

toriniku *chicken*　　gyūniku *beef*　　sakana *fish*　　kai *shellfish*
tamago *egg*

Conversation for the Key Expression 3 and 4
じゅうよう ひょうげん 3と 4を つかった かいわ れんしゅう

Please try to have a conversation by using the key expression 3 and 4.
じゅうよう ひょうげん 3と 4を つかった かいわを してみましょう。

: Oryōri wo tetsudatte kudasai. *I could use your help with cooking.*
おりょうり を てつだって ください。

: Hai, mochiron issho ni tsukuritai desu.
Yes, of course I want to cook together.
はい、もちろん いっしょ に つくりたい です。

: Kyō wa butaniku wo tsukaimasu. *I'm using pork today.*
きょう は ぶたにく を つかいます。

: Ano…, butaniku wo toriniku ni dekimasuka?
Excuse me, is it possible to change the pork to chicken?
あの…、ぶたにく を とりにく に できますか？

: Toriniku ga ī desuka? Jā, toriniku wo tsukaimashō.
Do you want chicken? Okay, let's use chicken.
とりにく が いい ですか？ じゃあ、とりにく を つかいましょう。

: Arigatō gozaimasu. *Thank you for understanding.*
ありがとう ございます。

Please try to have a different conversation by using the vocabulary you have learned.
これまでに ならった ごいを つかって ちがう かいわを してみて ください。

● Note ●

17

About cooking 2 Talk about food culture of own country

りょうり に ついて 2: じぶんのくにのたべものぶんかについてはなす

Ryōri ni tsuite 2: Jibun no kuni no tabemono bunka ni tsuite hanasu

You can talk about your own country's foods.
じぶんの くにの たべものに ついて はなす ことが できます。

Key Expression じゅうよう ひょうげん

1 "Watashi wa Nihon no 〈　　　〉 ga daisuki desu."

I like Japanese ~ very much.

Ex れい Watashi wa Nihon no sushi ga daisuki desu.
I like Japanese sushi very much.
わたし は にほん の すし が だいすき です。

2 "Oiwai no hi ni 〈　　　〉 de sushi wo tabemasu."

I eat sushi with ~ on a celebration day.

Ex れい Oiwai no hi ni kazoku de sushi wo tabemasu.
I eat sushi with my family on a celebration day.
おいわい の ひ に かぞく で すし を たべます。

3 "America-jin wa 〈　　　〉 wo takusan tabemasu."

Americans eat a lot of ~ .

Ex れい America-jin wa gyūniku wo takusan tabemasu.
Americans eat a lot of beef.
アメリカじん は ぎゅうにく を たくさん たべます。

4 "Kondo, 〈　　　〉 wo issho ni tsukurimashō."

Next time, let's cook ~ together.

Ex れい Kondo, yūhan wo issho ni tsukurimashō.
Next time, let's cook dinner together.
こんど、ゆうはん を いっしょ に つくりましょう。

Practice for Key Expression 1 じゅうよう ひょうげん 1 の れんしゅう

Please try to say "***Watashi wa Nihon no* 〈　　　〉 *ga daisuki desu.***"
by using the following words.
つぎの ごいを つかって「わたし は にほん の〈　　〉が だいすき です」と いってみて ください。

18

Vocabulary ごい

nabe *hot pot dishes*　ramen　cake　fruits
matcha *powdered green tea*　tabemono *foods*

Practice for Key Expression 2 じゅうよう ひょうげん 2 の れんしゅう

Please try to say "***Oiwai no hi ni* 〈　　　〉 *de sushi wo tabemasu.***"
by using the following words.
つぎの ごいを つかって「おいわい の ひ に〈　　〉で すし を たべます」と いってみて ください。

Vocabulary ごい

kazoku *family*　fūfu *married couple*　minna *everybody*
ie *at a house*　party

Conversation for the Key Expression 1 and 2
じゅうよう ひょうげん 1と 2を つかった かいわ れんしゅう

Please try to have a conversation by using the key expression 1 and 2.
じゅうよう ひょうげん 1と 2を つかった かいわを してみましょう。

: Watashi wa sushi ga daisuki desu. *I like sushi very much.*
わたし は すし が だいすき です。

: Nihon-jin wa itsu sushi wo tabemasuka?
When do Japanese people eat sushi?
にほんじん は いつ すし を たべますか？

Alisha

Naomi

: Oiwai no hi ni kazoku de sushi wo tabemasu.
We eat sushi on a celebration day.
おいわい の ひ に かぞく で すし を たべます。

: Anata wa sushi wo restaurant de tabemasune?
You eat sushi at the restaurant, right?
あなた は すし を レストラン で たべますね？

: Hai. Demo, tokidoki ie demo tabemasu.
Yes. But sometimes we eat it at home, too.
はい。でも、ときどき いえ でも たべます。

: Ie de? Hontō? *At home? Are you serious?*
いえ で？ ほんとう？

Please try to have a different conversation by using the vocabulary you have learned.
これまでに ならった ごいを つかって ちがう かいわを してみて ください。

Practice for Key Expression 3　じゅうよう ひょうげん 3 の れんしゅう

Please try to say "***America-jin wa*** 〈　　　〉 ***wo takusan tabemasu.***" by using the following words.

つぎの ごいを つかって「アメリカじん は〈　　〉を たくさん たべます」と いってみて ください。

Vocabulary ごい

gyūniku *beef*　toriniku *chicken*　amai okashi *sweets*　cake　hamburger

Practice for Key Expression 4　じゅうよう ひょうげん 4 の れんしゅう

Please try to say "***Kondo,*** 〈　　　〉 ***wo issho ni tsukurimashō.***" by using the following words.

つぎの ごいを つかって「こんど、〈　　〉を いっしょ に つくりましょう」と いってみて ください。

Vocabulary ごい

yūhan *(cook) dinner*　pizza　mame no sūpu *(cook) bean soup*
hamburger　muffin　sandwich

Conversation for the Key Expression 3 and 4
じゅうよう ひょうげん 3と 4を つかった かいわ れんしゅう

Please try to have a conversation by using the key expression 3 and 4.
じゅうよう ひょうげん 3と 4を つかった かいわを してみましょう。

: America-jin wa nani wo takusan tabemasuka?
What do American people eat a lot of?
アメリカじん は なに を たくさん たべますか？

: America-jin wa gyūniku wo takusan tabemasu.
We eat a lot of beef.
アメリカじん は ぎゅうにく を たくさん たべます。

: Sō desuka. America no gyūniku ryōri wo shiritai desu.
Is that so? I'd like to learn about American-style beef dishes.
そう ですか。アメリカ の ぎゅうにく りょうり を しりたい です。

: Kondo, hamburger wo issho ni tsukurimashō.
Let's cook hamburger together next time.
こんど、ハンバーガー を いっしょ に つくりましょう。

: Ī desune. Tanoshimi desu.
That would be great. I am looking forward to it.
いい ですね。たのしみ です。

Please try to have a different conversation by using the vocabulary you have learned.
これまでに ならった ごいを つかって ちがう かいわを してみて ください。

Note

18

Describe your job

しごと に ついて はなす
Shigoto ni tsuite hanasu

You can describe your job a little.
しごとに ついて すこし はなす ことが できます。

Key Expression じゅうよう ひょうげん

1 "Watashi wa 〈 〉 Nihon de hatarakimasu."

I will work in Japan for ~ .

Ex れい Watashi wa isshūkan Nihon de hatarakimasu.
I will work in Japan for a week.
わたし は いっしゅうかん にほん で はたらきます。

2 "Watashi no shigoto wa 〈 〉 desu."

My work is ~ .

Ex れい Watashi no shigoto wa tanoshī desu.
My work is fun.
わたし の しごと は たのしい です。

3 "〈 〉 kara 〈 〉 made hatarakimasu."

I work from ~ to ~ .

Ex れい Getsuyōbi kara kin'yōbi made hatarakimasu.
I work from Monday to Friday.
げつようび から きんようび まで はたらきます。

4 "Kyūjitsu wa 〈 〉 wo benkyō shimasu."

I study ~ on my days off.

Ex れい Kyūjitsu wa Nihongo wo benkyō shimasu.
I study Japanese on my days off.
きゅうじつ は にほんご を べんきょう します。

Practice for Key Expression 1 じゅうよう ひょうげん 1 の れんしゅう

Please try to say "***Watashi wa* 〈　　　〉 *Nihon de hatarakimasu.***" by using the following words.
つぎの ごいを つかって「わたし は〈　　〉にほん で はたらきます」と いってみて ください。

Vocabulary ごい

isshūkan *one week*　ikkagetsu *one month*　ichinen *one year*
sannen *three years*　zutto *forever*

Practice for Key Expression 2 じゅうよう ひょうげん 2 の れんしゅう

Please try to say "***Watashi no shigoto wa* 〈　　　〉 *desu.***" by using the following words.
つぎの ごいを つかって「わたし の しごと は〈　　〉です」と いってみて ください。

Vocabulary ごい

tanoshī *fun*　taihen *hard*　isogashī *busy*　hima *bored*
muzukashī *difficult*

Conversation for the Key Expression 1 and 2
じゅうよう ひょうげん 1と 2を つかった かいわ れんしゅう

Please try to have a conversation by using the key expression 1 and 2.
じゅうよう ひょうげん 1と 2を つかった かいわを してみましょう。

Alisha

Naomi

 : Alisha-san wa dorekurai Nihon de hatarakimasuka?
How long are you going to work in Japan?
アリーシャさん は どれくらい にほん で はたらきますか？

 : Watashi wa ninen Nihon de hatarakimasu.
I'm going to work in Japan for two years.
わたし は にねん にほん で はたらきます。

 : Sō desuka. Shigoto wa dō desuka?
Oh really? How is your work?
そう ですか。しごと は どう ですか？

 : Hai, watashi no shigoto wa totemo isogashī desu.
Well, my work is very busy.
はい、わたし の しごと は とても いそがしい です。

 : Gambattemasune! *You work hard!*
がんばってますね！

Please try to have a different conversation by using the vocabulary you have learned.
これまでに ならった ごいを つかって ちがう かいわを してみて ください。

Practice for Key Expression 3　じゅうよう ひょうげん 3 の れんしゅう

Please try to say "〈　　　〉***kara*** 〈　　　〉***made hatarakimasu.***" by using the following words.
つぎの ごいを つかって「〈　　〉から〈　　〉まで はたらきます」と いってみて ください。

Vocabulary ごい

getsuyōbi *Monday*　kayōbi *Tuesday*　suiyōbi *Wednesday*　mokuyōbi *Thursday*
kin'yōbi *Friday*　doyōbi *Saturday*　nichiyōbi *Sunday*

Practice for Key Expression 4　じゅうよう ひょうげん 4 の れんしゅう

Please try to say "***Kyūjitsu wa*** 〈　　　〉***wo benkyō shimasu.***" by using the following words.
つぎの ごいを つかって「きゅうじつ は〈　　〉を べんきょう します」と いってみて ください。

Vocabulary ごい

Nihongo *Japanese*　computer　boki *bookkeeping*　shodō *calligraphy*
sadō *tea ceremony*

Conversation for the Key Expression 3 and 4
じゅうよう ひょうげん 3と 4を つかった かいわ れんしゅう

Please try to have a conversation by using the key expression 3 and 4.
じゅうよう ひょうげん 3と 4を つかった かいわを してみましょう。

: Watashi wa getsuyōbi kara kin'yōbi made hatarakimasu.
I work from Monday to Friday.
わたし は げつようび から きんようび まで はたらきます。

: Kyūjitsu wa nani wo shimasuka? *What do you do on your days off?*
きゅうじつ は なに を しますか？

: Kyūjitsu wa Nihongo wo benkyō shimasu.
I study the Japanese language on my days off.
きゅうじつ は にほんご を べんきょう します。

: Nihongo no gakkō ni ikimasuka?
Do you go to school for Japanese language?
にほんご の がっこう に いきますか？

: Hai, gakkō de Nihongo wo benkyō shimasu.
Yes, I study Japanese language at a school.
はい、がっこう で にほんご を べんきょう します。

Please try to have a different conversation by using the vocabulary you have learned.
これまでに ならった ごいを つかって ちがう かいわを してみて ください。

● Note ●

19

Describe your family

かぞく に ついて はなす
Kazoku ni tsuite hanasu

You can describe your family to others.
じぶんの かぞくに ついて はなす ことが できます。

Key Expression じゅうよう ひょうげん

1 "Watashi wa 〈　　　〉 kazoku desu."

There are ~ people in my family.

Ex れい Watashi wa san-nin kazoku desu.
There are three people in my family.
わたし は さんにん かぞく です。

2 "Kazoku wa 〈　　　〉 to 〈　　　〉 ga imasu."

I have ~ and ~ in my family.

Ex れい Kazoku wa otto to musuko ga imasu.
I have a husband and a son in my family.
かぞく は おっと と むすこ が います。

3 "Musuko wa 〈　　　〉 desu."

My son is ~ . (school or how old he is)

Ex れい Musuko wa kōkōsei desu.
My son is a high school student.
むすこ は こうこうせい です。

4 "Otto wa 〈　　　〉 ga jōzu desu."

My husband can ~ very well.

Ex れい Otto wa Nihongo ga jōzu desu.
My husband can speak Japanese very well.
おっと は にほんご が じょうず です。

Practice for Key Expression 1 じゅうよう ひょうげん 1 の れんしゅう

Please try to say "***Watashi wa*** 〈　　　〉 ***kazoku desu.***" by using the following words.
つぎの ごいを つかって「わたし は〈　　〉かぞく です」と いってみて ください。

Vocabulary ごい

futari *two people*　san-nin *three people*　yo-nin *four people*
go-nin *five people*　dai *big family*

20

Practice for Key Expression 2 じゅうよう ひょうげん 2 の れんしゅう

Please try to say "***Kazoku wa*** 〈　　　〉 ***to*** 〈　　　〉 ***ga imasu.***" by using the following words.
つぎの ごいを つかって「かぞく は〈　　〉と〈　　〉が います」と いってみて ください。

Vocabulary ごい

otto *husband*　tsuma *wife*　musuko *son*　musume *daughter*
chichi *father*　haha *mother*　kyōdai *brother*　shimai *sister*
sofu *grandfather*　sobo *grandmother*　mago *grandchild*

Conversation for the Key Expression 1 and 2
じゅうよう ひょうげん 1 と 2を つかった かいわ れんしゅう

Please try to have a conversation by using the key expression 1 and 2.
じゅうよう ひょうげん 1 と 2 を つかった かいわを してみましょう。

Alisha

Naomi

: Watashi wa go-nin kazoku desu. Alisha-san wa?
There are five people in my family. How about you?
わたし は ごにん かぞくです。アリーシャさん は？

: Watashi wa yo-nin kazoku desu. *There are four people in my family.*
わたし は よにん かぞく です。

: Kazoku wa otto to musume ga san-nin imasu.
I have a husband and three daughters.
かぞく は おっと と むすめ が さんにん います。

: Watashi wa otto to musuko to musume ga imasu.
I have a husband, a son and a daughter.
わたし は おっと と むすこ と むすめ が います。

: Watashitachi wa mainichi isogashī desune. *We are busy everyday.*
わたしたち は まいにち いそがしい ですね。

Please try to have a different conversation by using the vocabulary you have learned.
これまでに ならった ごいを つかって ちがう かいわを してみて ください。

Practice for Key Expression 3　じゅうよう ひょうげん 3 の れんしゅう

Please try to say "***Musuko wa*** 〈　　　〉 ***desu.*** (school or how old he is)" by using the following words.

つぎの ごいを つかって「むすこ は〈　　〉です」と いってみて ください。

Vocabulary ごい

yōchienji *kindergartener*　shōgakusē *elementary school student*
chūgakusē *junior high school student*　daigakusē *college student*
~ sai *~ years old*

Practice for Key Expression 4　じゅうよう ひょうげん 4 の れんしゅう

Please try to say "***Otto wa*** 〈　　　〉 ***ga jōzu desu.***" by using the following words.

つぎの ごいを つかって「おっと は〈　　〉が じょうず です」と いってみて ください。

Vocabulary ごい

Nihongo *Japanese language*　ēgo *English*　ryōri *cooking*
uta *sing a song*　tsuri *fishing*　gitā *guitar*　sports

Conversation for the Key Expression 3 and 4
じゅうよう ひょうげん 3と 4を つかった かいわ れんしゅう

Please try to have a conversation by using the key expression 3 and 4.
じゅうよう ひょうげん 3と 4を つかった かいわを してみましょう。

: Watashi no musume wa otona desu. Alisha-san wa?
My daughters are adults. How about yours?
わたし の むすめ は おとな です。アリーシャさん は？

: Watashi no musuko wa shōgakusē desu.
My son is an elementary school student.
わたし の むすこ は しょうがくせい です。

: Sō desuka. Ryōri wa taihen desuka?
Is that so? Does he keep you busy with cooking?
そう ですか。りょうり は たいへん ですか？

: Īe, otto wa ryōri ga jōzu desu. *No. My husband can cook very well.*
いいえ、おっと は りょうり が じょうず です。

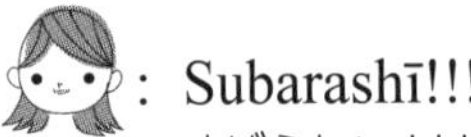: Subarashī!!! *Terrific!!!*
すばらしい！！！

Note ちゅう Please try to have a different conversation by using the vocabulary you have learned.
これまでに ならった ごいを つかって ちがう かいわを してみて ください。

● Note ●

20

Describe your hobbies

しゅみ に ついて はなす
Shumi ni tsuite hanasu

You can describe your hobbies.
じぶんの しゅみに ついて はなす ことが できます。

Key Expression じゅうよう ひょうげん

1 "Watashi no shumi wa 〈　　　〉 desu."

My hobby is ~ .

Ex れい Watashi no shumi wa dance desu.
My hobby is dance.
わたし の しゅみ は ダンス です。

2 "Watashi wa 〈　　　〉, zutto suki desu."

I like it for ~ .

Ex れい Watashi wa gonen, zutto suki desu.
I have enjoyed it for five years.
わたし は 5 ねん、ずっと すき です。

3 "Mukashi, watashi wa 〈　　　〉 wo shimashita."

I used to ~ a long time ago.

Ex れい Mukashi, watashi wa shodō wo shimashita.
I used to do calligraphy a long time ago.
むかし、わたし は しょどう を しました。

4 "Kondo, 〈　　　〉 ni ikimashō."

Next time, let's go ~ .

Ex れい Kondo, shodō tenrankai ni ikimashō.
Next time, let's go to the calligraphy exhibition.
こんど、しょどう てんらんかい に いきましょう。

Practice for Key Expression 1 じゅうよう ひょうげん 1 の れんしゅう

Please try to say "***Watashi no shumi wa* 〈　　　〉 *desu.***" by using the following words.
つぎの ごいを つかって「わたし の しゅみ は〈　　〉です」と いってみて ください。

Vocabulary ごい

dance　utau koto *singing*　taberu koto *eating*　dokusho *reading*
tsuri *fishing*　ongaku *music*　Nihon no manga *Japanese comics*
online game

Practice for Key Expression 2 じゅうよう ひょうげん 2 の れんしゅう

21

Please try to say "***Watashi wa* 〈　　　〉*, zutto suki desu.***" by using the following words.
つぎの ごいを つかって「わたし は〈　　〉、ずっと すき です」と いってみて ください。

Vocabulary ごい

ichi-nen *one year*　san-nen *three years*　go-nen *five years*
chīsai toki kara *from when I was a little*

Conversation for the Key Expression 1 and 2
じゅうよう ひょうげん 1 と 2 を つかった かいわ れんしゅう

Please try to have a conversation by using the key expression 1 and 2.
じゅうよう ひょうげん 1 と 2 を つかった かいわを してみましょう。

: Alisha-san no shumi wa nan desuka? *What is your hobby?*
アリーシャさん の しゅみ は なんですか？

: Watashi no shumi wa Nihon no manga desu.
My hobby is reading Japanese Comics.
わたし の しゅみ は にほん の まんが です。

Alisha　Naomi

: Sō desuka! Itsu kara desuka? *Oh really! When did you begin?*
そう ですか！いつ から ですか？

: Chīsai toki kara zutto suki desu. *I liked it when I was little.*
ちいさい とき から ずっと すき です。

: Osusume no manga wa nan desuka?
What comics do you recommend?
おすすめ の まんが は なんですか？

Please try to have a different conversation by using the vocabulary you have learned.
これまでに ならった ごいを つかって ちがう かいわを してみて ください。

Practice for Key Expression 3 じゅうよう ひょうげん 3 の れんしゅう

Please try to say "***Mukashi, watashi wa*** 〈　　　〉 ***wo shimashita.***" by using the following words.

つぎの ごいを つかって「むかし、わたし は〈　　〉を しました」と いってみて ください。

Vocabulary ごい

shodō *calligraphy*　sadō *tea ceremony*　ikebana *Japanese flower arrangement*
judo　karate　saihō *sewing*　ryōri *cooking*　tsuri *fishing*　hiking

Practice for Key Expression 4 じゅうよう ひょうげん 4 の れんしゅう

Please try to say "***Kondo,*** 〈　　　〉 ***ni ikimashō.***" by using the following words.

つぎの ごいを つかって「こんど、〈　　〉に いきましょう」と いってみて ください。

Vocabulary ごい

tenrankai *exhibition*　sumo　kabuki　matsuri *festival*
tsuri *fishing*　karaoke　anime shop

Conversation for the Key Expression 3 and 4
じゅうよう ひょうげん 3と 4を つかった かいわ れんしゅう

Please try to have a conversation by using the key expression 3 and 4.
じゅうよう ひょうげん 3と 4を つかった かいわを してみましょう。

: Mukashi, watashi wa ikebana wo shimashita.
A long time ago, I made a Japanese flower arrangement.
むかし、わたし は いけばな を しました。

: Hontō desuka? Watashi mo ikebana ga shitai desu.
Oh, really? I want to do that, too.
ほんとう ですか？ わたし も いけばな が したい です。

: Watashi wa mō wasuremashita. *I already forgot how to make it.*
わたし は もう わすれました。

: Jā, hana no tenrankai ni ikimashō!
Okay, let's go to the flower exhibition!
じゃあ、はな の てんらんかい に いきましょう！

: Sō desune. Issho ni ikimashō. *That's a good idea. Let's go together.*
そう ですね。いっしょ に いきましょう。

Please try to have a different conversation by using the vocabulary you have learned.
これまでに ならった ごいを つかって ちがう かいわを してみて ください。

● Note ●

21

Talk about Japan's Wonders

にほん の ふしぎ に ついて はなす
Nihon no fushigi ni tsuite hanasu

You can talk about wonders in Japan.
にほん こくないの ふしぎに おもう ことに ついて はなす ことが できます。

Key Expression じゅうよう ひょうげん

1 "Watashi wa Nihon no 〈　　　〉ga wakarimasen."

I don't know about ~ in Japan.

Ex れい Watashi wa Nihon no michi no sain ga wakarimasen.
I don't know about the direction of the road in Japan.
わたし は にほん の みち の サイン が わかりません。

2 "〈　　　〉to 〈　　　〉wa chigaimasuka?"

Is it different from ~ and ~ ?

Ex れい Kimono to yukata wa chigaimasuka?
Is it different from kimono and yukata?
きもの と ゆかた は ちがいますか？

3 "Takusan no restaurant wa 〈　　　〉desu."

Many restaurants have ~ .

Ex れい Takusan no restaurant wa Nihongo menu dake desu.
Many restaurants have only menus written in Japanese.
たくさん の レストラン は にほんご メニュー だけ です。

4 "Nihon no machi wa 〈　　　〉ga sukunai desu."

There are few ~ in Japanese cities.

Ex れい Nihon no machi wa gomibako ga sukunai desu.
There are few trash cans in Japanese cities.
にほん の まち は ごみばこ が すくない です。

Practice for Key Expression 1　じゅうよう ひょうげん 1 の れんしゅう

Please try to say "***Watashi wa Nihon no*** 〈　　　〉 ***ga wakarimasen.***" by using the following words.
つぎの ごいを つかって「わたし は にほん の〈　　〉が わかりません」と いってみて ください。

Vocabulary ごい

michi no sain *direction of the road*　shūkan *custom*
toire no botan *buttons on toilets*　manner　kanji *Chinese characters*

Practice for Key Expression 2　じゅうよう ひょうげん 2 の れんしゅう

Please try to say "〈　　　〉 ***to*** 〈　　　〉 ***wa chigaimasuka?***" by using the following words.
つぎの ごいを つかって「〈　　〉と〈　　〉は ちがいますか？」と いってみて ください。

Vocabulary ごい

nabe to oden　sushi to sashimi　kōen to tēen *park and garden*
jinja to otera *shrine and temple*　hotel to ryokan *hotel and Japanese inn*

Conversation for the Key Expression 1 and 2
じゅうよう ひょうげん 1 と 2 を つかった かいわ れんしゅう

Please try to have a conversation by using the key expression 1 and 2.
じゅうよう ひょうげん 1 と 2 を つかった かいわを してみましょう。

: Watashi wa Nihon no shūkan ga wakarimasen.
I don't understand Japanese customs.
わたし は にほん の しゅうかん が わかりません。

: Donna shūkan desuka? *What kind of customs you are talking about?*
どんな しゅうかん ですか？

: Jinja no omairi wa dō shimasuka? *How to pray at a shrine?*
じんじゃ の おまいり は どう しますか？

: Jinja no omairi wa te wo tatakimasu.
We clap our hands to pray at the shrine
じんじゃ の おまいり は て を たたきます。

: Otera no omairi wa dō desuka? *How about how to pray at the temple?*
おてら の おまいり は どう ですか？

: Otera no omairi wa totemo shizuka desu.
We pray very quietly at the temple.
おてら の おまいり は とても しずか です。

Please try to have a different conversation by using the vocabulary you have learned.
これまでに ならった ごいを つかって ちがう かいわを してみて ください。

Practice for Key Expression 3 じゅうよう ひょうげん３の れんしゅう

Please try to say "***Takusan no restaurant wa*** 〈　　　〉 ***desu.***" by using the following words.

つぎの ごいを つかって「たくさん の レストラン は〈　　〉です」と いってみて ください。

Vocabulary ごい

Nihongo menu dake *only Japanese menu*　genkin dake *cash only*
semai *small*　ryō ga sukunai *small amount of food*
lunch ga yasui *lunch food is cheap*

Practice for Key Expression 4 じゅうよう ひょうげん４の れんしゅう

Please try to say "***Nihon no machi wa*** 〈　　　　〉 ***ga sukunai desu.***" by using the following words.

つぎの ごいを つかって「にほん の まち は〈　　〉が すくない です」と いってみて ください。

Vocabulary ごい

gomi *garbage*　baiku *motorcycle*　jitensha *bicycle*　open café

Conversation for the Key Expression 3 and 4
じゅうよう ひょうげん３と４を つかった かいわ れんしゅう

Please try to have a conversation by using the key expression 3 and 4.
じゅうよう ひょうげん３と４を つかった かいわを してみましょう。

: Takusan no restaurant wa Nihongo menu dake desune.
There are only menus written in Japanese at many restaurants.
たくさん の レストラン は にほんご メニュー だけ ですね。

: Sō desune. Fuben desune. *You are right. It's very inconvenient.*
そう ですね。ふべん ですね。

: Ato, Nihon niwa ōkī saizu no fuku ga sukunai desu.
And I see very few large size clothes.
あと、にほん には おおきい サイズ の ふく が すくない です。

: Hai. Takusan no Nihon-jin wa chīsai desu kara.
Yes. Because many Japanese people are kind of small.
はい。たくさん の にほんじん は ちいさい です から。

: Demo, chīsai America-jin wa ureshī desu.
But for small American people, they are happy.
でも、ちいさい アメリカじん は うれしい です。

: Ha ha ha! Sō desune! *Ha ha ha! Could be!*
ははは！ そう ですね！

Please try to have a different conversation by using the vocabulary you have learned.
これまでに ならった ごいを つかって ちがう かいわを してみて ください。

● Note ●

22

Care about the physical condition of someone

だれか の たいちょう を きづかう
Dareka no taichō wo kizukau

You can take care of someone's physical condition.
だれかの からだの ちょうしを きづかう ことが できます。

Key Expression じゅうよう ひょうげん

1 "〈　　　　〉ga itai desuka?"

Is your ~ hurts?

Ex れい Koshi ga itai desuka?
Is your back hurt?
こし が いたい ですか？

2 "〈　　　　〉itai desuka?" (ひんど・きかん)

Do you feel pain ~ ? (how much or how long)

Ex れい Zutto itai desuka?
Do you feel pain continuously?
ずっと いたい ですか？

3 "〈　　　　〉itte kudasai."

Please tell me ~ .

Ex れい Nandemo itte kudasai.
Please tell me anything.
なんでも いって ください。

4 "〈　　　　〉kudasai." (あいさつ)

Please ~ . (greeting words)

Ex れい Odaiji ni shite kudasai.
Please take care.
おだいじ に して ください。

Practice for Key Expression 1 じゅうよう ひょうげん 1 の れんしゅう

Please try to say "〈　　　　〉*ga itai desuka?*" by using the following words.
つぎの ごいを つかって「〈　　〉が いたい ですか？」と いってみて ください。

Vocabulary ごい

koshi *back*　atama *head*　onaka *tummy*　i *stomach*　ashi *leg/foot*
me *eye*　ha *tooth*　nodo *throat*　mune *breast*　hana *nose*

Practice for Key Expression 2 じゅうよう ひょうげん 2 の れんしゅう

Please try to say "〈　　　　〉*itai desuka?* (how much or how long)" by using the following words.
つぎの ごいを つかって「〈　　〉いたい ですか？（ひんど・きかん）」と いってみて ください。

Vocabulary ごい

dorekurai *how bad*　tokidoki *sometimes*　kinō kara *since yesterday*
asa kara *since this morning*　itsu kara *since when*

23

Conversation for the Key Expression 1 and 2
じゅうよう ひょうげん 1 と 2 を つかった かいわ れんしゅう

Please try to have a conversation by using the key expression 1 and 2.
じゅうよう ひょうげん 1 と 2 を つかった かいわを してみましょう。

Alisha

Naomi

: Naomi-san dō shimashitaka? *Naomi, what's wrong?*
なおみさん、どう しましたか？

: Koshi ga itai desu. *My back hurts.*
こし が いたい です。

: Daijōbu? Zutto itai desuka?
Are you okay? Do you feel pain continuously?
だいじょうぶ？ ずっと いたい ですか？

: Īe, tokidoki itai desu. *No, intermittently.*
いいえ、ときどき いたい です。

: Byōin ni ikimasuka? *Are you going to see the doctor?*
びょういん に いきますか？

: Tabun daijōbu desu. Arigatō. *No. I think I'm okay. Thank you.*
たぶん だいじょうぶ です。ありがとう。

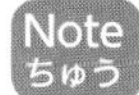

Please try to have a different conversation by using the vocabulary you have learned.
これまでに ならった ごいを つかって ちがう かいわを してみて ください。

Practice for Key Expression 3 じゅうよう ひょうげん 3 の れんしゅう

Please try to say "〈　　　〉 ***itte kudasai.***" by using the following words.

つぎの ごいを つかって「〈　　〉いって ください」と いってみて ください。

Vocabulary ごい

nandemo *anything*　itsudemo *anytime*
chīsai koto demo *even a small thing*　komattara *if you need help*

Practice for Key Expression 4 じゅうよう ひょうげん 4 の れんしゅう

Please try to say "〈　　　〉 ***kudasai.*** (greeting words)" by using the following words.

つぎの ごいを つかって「〈　　〉ください（あいさつ）」と いってみて ください。

Vocabulary ごい

odaiji ni shite *take care*　ki wo tsukete *be careful*
yoku yasunde *take it easy*　yoku natte *get well*

Conversation for the Key Expression 3 and 4
じゅうよう ひょうげん 3と 4を つかった かいわ れんしゅう

Please try to have a conversation by using the key expression 3 and 4.
じゅうよう ひょうげん 3と 4を つかった かいわを してみましょう。

: Alisha-san, onegai ga arimasu. *Alisha, can you do me a favor?*
アリーシャさん、おねがい が あります。

: Hai, nandemo itte kudasai. *Yes, ask me anything.*
はい、なんでも いって ください。

: Watashi no ie made issho ni kite kudasai.
Can you take me to my house?
わたし の いえ まで いっしょ に きて ください。

: Wakarimashita. *Alright.*
わかりました。

: Hontō ni arigatō. *Truly, thank you.*
ほんとう に ありがとう。

: Yoku yasunde kudasai! *Please take it easy!*
よく やすんで ください！

Note ちゅう Please try to have a different conversation by using the vocabulary you have learned.
これまでに ならった ごいを つかって ちがう かいわを してみて ください。

● Note ●

23

Good parts of Japan

にほん の よい ところ
Nihon no yoi tokoro

You can find good parts of Japan and talk about these.
にほんの よい ところを みつけて はなす ことが できます。

Key Expression じゅうよう ひょうげん

1 “Nihon-jin wa〈　　　　〉dato omoimasu.”

I think Japanese people are ~ .

Ex れい Nihon-jin wa shinsetsu dato omoimasu.
I think Japanese people are kind.
にほんじん は しんせつ だと おもいます。

2 “Nihon wa〈　　　　〉ga ōi desu.”

There are many ~ in Japan.

Ex れい Nihon wa kawa ga ōi desu.
There are many rivers in Japan.
にほん は かわ が おおい です。

3 “Nihon wa〈　　　　〉ga sugoi desu.”

Japanese ~ is amazing.

Ex れい Nihon wa tabemono ga sugoi desu.
Japanese food is amazing.
にほん は たべもの が すごい です。

4 “Watashi wa Nihon no〈　　　　〉ga suki desu.”

I like ~ of Japan. / I like Japanese ~ .

Ex れい Watashi wa Nihon no kirēna machi ga suki desu.
I like how clean the cities are in Japan.
わたし は にほん の きれいな まち が すき です。

Practice for Key Expression 1　じゅうよう ひょうげん 1 の れんしゅう

Please try to say "***Nihon-jin wa*** 〈　　　　　〉 ***dato omoimasu.***" by using the following words.
つぎの ごいを つかって「にほんじん は〈　　〉だと おもいます」と いってみて ください。

Vocabulary ごい

shinsetsu *kind*　　shizuka *quiet*　　majime *diligent*　　kirēzuki *cleanliness*

Practice for Key Expression 2　じゅうよう ひょうげん 2 の れんしゅう

Please try to say "***Nihon wa*** 〈　　　　　〉 ***ga ōi desu.***" by using the following words.
つぎの ごいを つかって「にほん は〈　　〉が おおい です」と いってみて ください。

Vocabulary ごい

konbini *convenience store*　　shingō *traffic lights*　　jihanki *vending machine*
densha *train*　　kawa *river*　　oishī mono *delicious foods*

Conversation for the Key Expression 1 and 2
じゅうよう ひょうげん 1 と 2 を つかった かいわ れんしゅう

Please try to have a conversation by using the key expression 1 and 2.
じゅうよう ひょうげん 1 と 2 を つかった かいわを してみましょう。

Alisha

Naomi

: Nihon-jin wa majime dato omoimasu.
I think Japanese people are diligent.
にほんじん は まじめ だと おもいます。

: Naze sō omoimasuka? *Why do you think so?*
なぜ そう おもいますか？

: Nihon wa densha ga ōi desu. *There are many trains in Japan.*
にほん は でんしゃ が おおい です。

: Hai, sō desune. *Yes, you are right.*
はい、そう ですね。

: Soshite, densha wa jikan dōri desu. *And all trains come perfectly on time.*
そして、でんしゃ は じかん どおり です。

: Dakara, Nihon-jin wa majime desuka? Omoshiroi desu!
Is it why Japanese people diligent? Interesting!
だから、にほんじん は まじめ ですか？ おもしろい です！

Note ちゅう Please try to have a different conversation by using the vocabulary you have learned.
これまでに ならった ごいを つかって ちがう かいわを してみて ください。

Practice for Key Expression 3 じゅうよう ひょうげん 3 の れんしゅう

Please try to say "***Nihon wa* 〈 〉 *ga sugoi desu.***" by using the following words.

つぎの ごいを つかって「にほん は 〈 〉が すごい です」と いってみて ください。

Vocabulary ごい

densha no jikan *train time* matsuri *festival* shizen *nature*

Practice for Key Expression 4 じゅうよう ひょうげん 4 の れんしゅう

Please try to say "***Watashi wa Nihon no* 〈 〉 *ga suki desu.***" by using the following words.

つぎの ごいを つかって「わたし は にほん の 〈 〉が すき です」と いってみて ください。

Vocabulary ごい

benrina machi *convenient city* bunka *cultures* onsen *hot spring*
shizen *nature*

Conversation for the Key Expression 3 and 4
じゅうよう ひょうげん 3と 4を つかった かいわ れんしゅう

Please try to have a conversation by using the key expression 3 and 4.
じゅうよう ひょうげん 3と 4を つかった かいわを してみましょう。

: Nihon no matsuri wa sugoi desu. *Japanese festivals are amazing.*
にほん の まつり は すごい です。

: Nihon wa matsuri ga takusan arimasune.
There are many festivals in Japan.
にほん は まつり が たくさん ありますね。

: Sō desu. Matsuri ga tanoshī desu. *Yes. I enjoy festivals very much.*
そう です。まつり が たのしい です。

: Sorewa yokatta desu! *I'm glad to hear that!*
それは よかった です！

: Watashi wa Nihon no bunka ga suki desu. *I like Japanese culture.*
わたし は にほん の ぶんか が すき です。

: Arigatō! *Thank you!*
ありがとう！

Note ちゅう Please try to have a different conversation by using the vocabulary you have learned.
これまでに ならった ごいを つかって ちがう かいわを してみて ください。

● Note ●

24

Not good parts of Japan

にほん の よくない ところ
Nihon no yokunai tokoro

You can find parts of Japan that are not good / difficult and talk about these.
にほんの よくない ところや むずかしい ところを みつけて はなす ことが できます。

Key Expression じゅうよう ひょうげん

1 "Nihon wa 〈　　　　〉 ga ōsugi desu."

There are too much / many ~ in Japan.

Ex れい Nihon wa jishin ga ōsugi desu.
There are too many earthquakes in Japan.
にほん は じしん が おおすぎ です。

2 "Nihon wa 〈　　　　〉 ga sukunai desu."

There are less ~ in Japan.

Ex れい Nihon wa gomibako ga sukunai desu.
There are less garbage cans in Japan.
にほん は ごみばこ が すくない です。

3 "Nihon no 〈　　　　〉 ga taihen desu."

It is hard to know / complicated about ~ in Japan.

Ex れい Nihon no inkan bunka ga taihen desu.
It is hard to know about seal culture in Japan.
にほん の いんかん ぶんか が たいへん です。

4 "Watashi wa Nihon no 〈　　　　〉 ga kirai desu."

I don't like ~ in Japan.

Ex れい Watashi wa Nihon no natsu ga kirai desu.
I don't like summer in Japan.
わたし は にほん の なつ が きらい です。

Practice for Key Expression 1　じゅうよう ひょうげん 1 の れんしゅう

Please try to say "***Nihon wa*** 〈　　　　　〉***ga ōsugi desu.***" by using the following words.

つぎの ごいを つかって「にほん は〈　　　〉が おおすぎ です」と いってみて ください。

Vocabulary ごい

taifū *typhoon*　　wrapping　　jihanki *vending machine*

Practice for Key Expression 2　じゅうよう ひょうげん 2 の れんしゅう

Please try to say "***Nihon wa*** 〈　　　　〉***ga sukunai desu.***" by using the following words.

つぎの ごいを つかって「にほん は〈　　　〉が すくない です」と いってみて ください。

Vocabulary ごい

gomibako *garbage can*　　Free Wifi　　chūshajō *parking lot*　　haizara *ashtray*

Conversation for the Key Expression 1 and 2
じゅうよう ひょうげん 1 と 2 を つかった かいわ れんしゅう

Please try to have a conversation by using the key expression 1 and 2.

じゅうよう ひょうげん 1 と 2 を つかった かいわを してみましょう。

: Nihon wa wrapping ga ōsugi desu.
There are too many wrapping paper options (at shop) in Japan.
にほん は ラッピング が おおすぎ です。

: Watashi mo sō omoimasu. *I agree with you.*
わたし も そう おもいます。

: Soshite, gomibako ga sukunai desu.
Then, there are not enough garbage cans.
そして、ごみばこ が すくない です。

: Alisha-san, gomi wa dō shimasuka?
Alisha, what do you do with your trash?
アリーシャさん、ごみ は どう しますか？

: Itsumo ie de sutemasu. *Always throw it away at home.*
いつも いえ で すてます。

: Watashi mo onaji desu. *I do the same.*
わたし も おなじ です。

Please try to have a different conversation by using the vocabulary you have learned.
これまでに ならった ごいを つかって ちがう かいわを してみて ください。

Practice for Key Expression 3 じゅうよう ひょうげん 3 の れんしゅう

Please try to say "***Nihon no* 〈　　　〉 *ga taihen desu.***" by using the following words.

つぎの ごいを つかって「にほん の〈　　〉が たいへん です」と いってみて ください。

Vocabulary ごい

sābisu kajō *too much service*　　gomi no bunbetsu *garbage sorting*

Practice for Key Expression 4 じゅうよう ひょうげん 4 の れんしゅう

Please try to say "***Watashi wa Nihon no* 〈　　　〉 *ga kirai desu.***" By using the following words.

つぎの ごいを つかって「わたし は にほん の〈　　〉が きらいです」と いってみて ください。

Vocabulary ごい

gomi no bunbetsu *garbage sorting*　　man'in densha *crowded train*
semai heya *narrow room*　　jishin *earthquake*　　natsu *summer heat / sun*
fuyu *winter*

Conversation for the Key Expression 3 and 4
じゅうよう ひょうげん 3と 4を つかった かいわ れんしゅう

Please try to have a conversation by using the key expression 3 and 4.
じゅうよう ひょうげん 3と 4を つかった かいわを してみましょう。

: Naomi-san, gomi no bunbetsu ga taihen desu.
Naomi, it is complicated about garbage sorting.
なおみさん、ごみ の ぶんべつ が たいへん です。

: Hahaha, taihen deshō? *Hahaha, it is hard, isn't it?*
ははは、たいへん でしょう？

: Watashi wa Nihon no gomi no bunbetsu ga kirai desu.
I don't like garbage sorting in Japan.
わたし は にほん の ごみ の ぶんべつ が きらい です。

: Wakarimasu. Demo, taisetsu desu. *Me either. But, it's important.*
わかります。でも、たいせつ です。

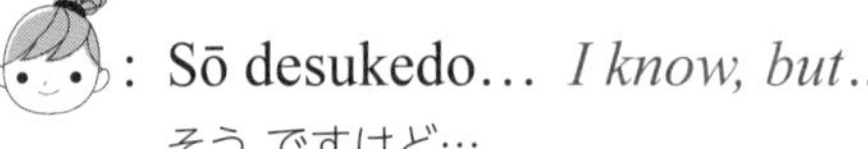: Sō desukedo… *I know, but...*
そう ですけど…

: Tetsudaimasuyo! *I'll help you!*
てつだいますよ！

Please try to have a different conversation by using the vocabulary you have learned.
これまでに ならった ごいを つかって ちがう かいわを してみて ください。

● Note ●

25

Trouble **1**

Late for an appointment

トラブル 1: じかん に おくれる

Toraburu 1: Jikan ni okureru

When you're late for a meeting, you can tell that to the other party.
まちあわせに おくれる とき、あいての かたに そのことを つたえる ことが できます。

Key Expression じゅうよう ひょうげん

1 "Sumimasen. Ima mada 〈　　　〉 desu."

I'm sorry. I'm still at ~ now.

Ex れい Sumimasen. Ima mada ie desu.
I'm sorry. I'm still at home now.
すみません。いま まだ いえ です。

2 "Isoide 〈　　　〉 de / te ikimasu."

I will hurry to go by ~ .

Ex れい Isoide kuruma de ikimasu.
I will hurry to my car.
いそいで くるま で いきます。

3 "〈　　　〉 ni henkō dekimasenka?"

Is it possible to change the date to ~ ?

Ex れい Raishū ni henkō dekimasenka?
Is it possible to change the date to next week?
らいしゅう に へんこう できませんか？

4 "Arigatō gozaimasu. 〈　　　〉 kansha shimasu."

Thank you very much. I ~ appreciate it. / ~ thanks.

Ex れい Arigatō gozaimasu. Hontō ni kansha shimasu.
Thank you very much. I really appreciate it.
ありがとう ございます。ほんとう に かんしゃ します。

Practice for Key Expression 1 じゅうよう ひょうげん 1 の れんしゅう

Please try to say "***Sumimasen. Ima mada*** 〈　　　　〉 ***desu.***" by using the following words.
つぎの ごいを つかって「すみません。いま まだ〈　　〉です」と いってみて ください。

Vocabulary ごい

ie *home*　　eki *station*　　tochū *on my way*　　office

Practice for Key Expression 2 じゅうよう ひょうげん 2 の れんしゅう

Please try to say "***Isoide*** 〈　　　　〉 ***de / te ikimasu.***" by using the following words.
つぎの ごいを つかって「いそいで〈　　〉で(て) いきます」と いってみて ください。

Vocabulary ごい

kuruma de *by car*　　taxi de *by taxi*　　densha de *by train*
jitensha de *by bicycle*　　hashitte *run*　　aruite *walk*

Conversation for the Key Expression 1 and 2
じゅうよう ひょうげん 1と 2を つかった かいわ れんしゅう

Please try to have a conversation by using the key expression 1 and 2.
じゅうよう ひょうげん 1と 2を つかった かいわを してみましょう。
(on the phone)

Alisha

Naomi

(Naomi): Watashi wa tsukimashita. Alisha-san wa ima doko desuka?
I am here. Where are you now?
わたし は つきました。アリーシャさん は いま どこ ですか？

: Sumimasen. Ima mada ie desu. *I'm sorry. I'm still at home now.*
すみません。いま まだ いえ です。

: Sō desuka. Daijōbu desuka? *Is that right? Are you okay?*
そう ですか。だいじょうぶ ですか？

: Hai, isoide hashitte ikimasu!
Yes, I'm going to hurry now! I'll be coming to you on foot.
はい、いそいで はしって いきます！

: Mattemasu kara, yukkuri kite kudasai. *I will wait so please don't hurry.*
まってます から、ゆっくり きて ください。

Note ちゅう Please try to have a different conversation by using the vocabulary you have learned.
これまでに ならった ごいを つかって ちがう かいわを してみて ください。

Practice for Key Expression 3 じゅうよう ひょうげん３の れんしゅう

Please try to say "〈　　　〉*ni henkō dekimasenka?*" by using the following words.

つぎの ごいを つかって「〈　　〉に へんこう できませんか？」と いってみて ください。

Vocabulary ごい

raishū *next week*　ashita *tomorrow*　yoru *tonight*　gogo san-ji *3:00 pm*

Practice for Key Expression 4 じゅうよう ひょうげん４の れんしゅう

Please try to say "*Arigatō gozaimasu.* 〈　　　〉 *kansha shimasu.*" by using the following words.

つぎの ごいを つかって「ありがとう ございます。〈　　〉かんしゃ します」と いってみて ください。

Vocabulary ごい

hontō ni *really appreciate it*　kokoro kara *thanks from my heart*
gorikai *thanks for understanding*

Conversation for the Key Expression 3 and 4
じゅうよう ひょうげん３と４を つかった かいわ れんしゅう

Please try to have a conversation by using the key expression 3 and 4.
じゅうよう ひょうげん３と４を つかった かいわを してみましょう。
(via e-mail)

: Ashita ni-ji ni Nihongo lesson ga arimasune?
Do I have a Japanese lesson tomorrow at 2:00?
あした２じ に にほんご レッスン が ありますね？

Teacher : Hai, arimasu.　*Yes, you do.*
はい、あります。

: San-ji ni henkō dekimasuka?　*May I change the time to 3:00?*
３じ に へんこう できますか？

Teacher : Hai, daijōbu desu!　*Yes, you can!*
はい、だいじょうぶ です！

: Arigatō gozaimasu. Hontō ni kansha shimasu.
Thank you. I really appreciate it.
ありがとう ございます。ほんとう に かんしゃ します。

Note ちゅう Please try to have a different conversation by using the vocabulary you have learned.
これまでに ならった ごいを つかって ちがう かいわを してみて ください。

Note

26

Trouble 2 Trying to retrieve a lost item

トラブル 2: なくした もの を さがす

Toraburu 2: Nakushita mono wo sagasu

GOAL もくひょう

When you lost an item, you can tell someone and try to retrieve it.
もちものを なくした とき、それを だれかに はなして さがす ことが できます。

Key Expression じゅうよう ひょうげん

1 "Watashi wa 〈　　　〉 wo nakushimashita."

I lost ~ (things).

Ex れい Watashi wa saifu wo nakushimashita.
I lost my wallet.
わたし は さいふ を なくしました。

2 "〈　　　〉 ni modorimashō."

Let's get back to ~ (place).

Ex れい Eki ni modorimashō.
Let's get back to the station.
えき に もどりましょう。

3 "〈　　　〉 ni ikitai desu."

I want to go ~ (place).

Ex れい Kōban ni ikitai desu.
I want to go to the police box.
こうばん に いきたい です。

4 "〈　　　〉 nakushita to omoimasu."

I lost it ~ (when).

Ex れい Kesa nakushita to omoimasu.
I think I lost it this morning.
けさ なくした と おもいます。

Practice for Key Expression 1　じゅうよう ひょうげん 1 の れんしゅう

Please try to say "***Watashi wa* 〈　　　〉 *wo nakushimashita.***" by using the following words.
つぎの ごいを つかって「わたし は〈　　　〉を なくしました」と いってみて ください。

Vocabulary ごい

saifu *wallet*　　card　　sumaho *smartphone*　　kasa *umbrella*　　jacket

Practice for Key Expression 2　じゅうよう ひょうげん 2 の れんしゅう

Please try to say "〈　　　〉 ***ni modorimashō.***" by using the following words.
つぎの ごいを つかって「〈　　　〉に もどりましょう」と いってみて ください。

Vocabulary ごい

eki *station*　　ēgakan *theater*　　nakushita basho *the place you lost it*
restaurant　　ie *home*

Conversation for the Key Expression 1 and 2
じゅうよう ひょうげん 1と 2を つかった かいわ れんしゅう

Please try to have a conversation by using the key expression 1 and 2.
じゅうよう ひょうげん 1と 2を つかった かいわを してみましょう。

Alisha　Naomi

: Watashi wa saifu wo nakushimashita.
I lost my wallet.
わたし は さいふ を なくしました。

: Taihen desu! Doko de nakushimashitaka?
Oh my gosh! Where did you lose it?
たいへん です！ どこ で なくしましたか？

: Tabun densha desu. *Maybe on the train.*
たぶん でんしゃ です。

: Soreja, eki ni modorimashō. *Well, let's get back to the station.*
それじゃ、えき に もどりましょう。

: Hai, wakarimashita. *Yes, alright.*
はい、わかりました。

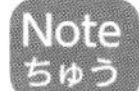

Please try to have a different conversation by using the vocabulary you have learned.
これまでに ならった ごいを つかって ちがう かいわを してみて ください。

27

Practice for Key Expression 3　じゅうよう ひょうげん 3 の れんしゅう

Please try to say "〈　　　〉 ***ni ikitai desu.***" by using the following words.

つぎの ごいを つかって「〈　　〉に いきたい です」と いってみて ください。

Vocabulary ごい

front　　eki no kaisatsu *station ticket gate*　　taxi gaisha *taxi company*

Practice for Key Expression 4　じゅうよう ひょうげん 4 の れんしゅう

Please try to say "〈　　　〉 ***nakushita to omoimasu.***" by using the following words.

つぎの ごいを つかって「〈　　〉なくした と おもいます」と いってみて ください。

Vocabulary ごい

kesa *this morning*　　kinō *yesterday*　　jū-ji goro *about 10 o'clock*
sakki *a few moments ago*

Conversation for the Key Expression 3 and 4
じゅうよう ひょうげん 3と 4を つかった かいわ れんしゅう

Please try to have a conversation by using the key expression 3 and 4.
じゅうよう ひょうげん 3と 4を つかった かいわを してみましょう。

: Eki ni arimasen deshitane. *We couldn't find it at the station.*
えき に ありません でしたね。

: Kōban ni ikitai desu. *I want to go to the police box.*
こうばん に いきたい です。

: Sō desune. Issho ni ikimashō. *You are right. Let's go there.*
そう ですね。いっしょ に いきましょう。

Police man : Itsu, doko de nakushimashitaka? *When and where did you lose it?*
いつ、どこ で なくしましたか？

: Kesa, densha de nakushita to omoimasu.
This morning, I think I lost it on the train.
けさ、でんしゃ で なくした と おもいます。

Police man : Koko ni kaite kudasai. *Please write it down here.*
ここ に かいて ください。

Please try to have a different conversation by using the vocabulary you have learned.
これまでに ならった ごいを つかって ちがう かいわを してみて ください。

● Note ●

27

An event which you want to go

いきたい イベント に ついて
Ikitai ibento ni tsuite

Talk about finding exciting activities in Japan.
たのしい イベントを さがして、その ことに ついて はなす ことが できます。

Key Expression じゅうよう ひょうげん

1 "Terebi de 〈　　　〉 kōjō kengaku wo mimashita."

I saw a ~ factory tour on TV.

Ex れい Terebi de bīru kōjō kengaku wo mimashita.
I saw a beer factory tour on TV.
テレビ で ビール こうじょう けんがく を みました。

2 "〈　　　〉 de mōshikomi masu."

I'll apply on the ~ .

Ex れい Netto de mōshikomimasu.
I will book a tour online.
ネット で もうしこみます。

3 "〈　　　〉 taiken ga shitai desu."

I want to participate ~ (lesson).

Ex れい Shodō taiken ga shitai desu.
I want to participate in a calligraphy lesson.
しょどう たいけん が したい です。

4 "Ikitai tokoro wa 〈　　　〉 ikitai desu."

I would like to visit ~ places on my list.

Ex れい Ikitai tokoro wa zenbu ikitai desu.
I would like to visit all places on my list.
いきたい ところ は ぜんぶ いきたい です。

Practice for Key Expression 1　じゅうよう ひょうげん 1 の れんしゅう

Please try to say "***Terebi de*** 〈　　　　〉 ***kōjō kengaku wo mimashita.***" by using the following words.

つぎの ごいを つかって「テレビ で〈　　〉こうじょう けんがく を みました」と いってみて ください。

Vocabulary ごい

chocolate　　ice cream　　hikōki *airplane*　　kamaboko *boiled fish paste*

Practice for Key Expression 2　じゅうよう ひょうげん 2 の れんしゅう

Please try to say "〈　　　　〉***de mōshikomimasu.***" by using the following words.

つぎの ごいを つかって「〈　　〉で もうしこみます」と いってみて ください。

Vocabulary ごい

sumaho *smartphone*　　denwa *telephone*　　ryokō gaisha *travel agency*

Conversation for the Key Expression 1 and 2
じゅうよう ひょうげん 1 と 2 を つかった かいわ れんしゅう

Please try to have a conversation by using the key expression 1 and 2.

じゅうよう ひょうげん 1 と 2 を つかった かいわを してみましょう。

Alisha　Naomi

: Terebi de chocolate kōjō kengaku wo mimashita.
I saw a chocolate factory tour on TV.
テレビ で チョコレート こうじょう けんがく を みました。

: Watashi mo mimashita. Omoshiroi desune.
I saw that too. That's sounds fun.
わたしも みました。おもしろい ですね。

: Watashi wa zehi ikitai desu. *I really want to go there.*
わたし は ぜひ いきたい です。

: Jā, mōshikomimashō. *Let's book a tour then!*
じゃあ、もうしこみましょう。

: Netto de mōshikomimasu. *I'll book it online.*
ネット で もうしこみます。

: Tanoshimi desune. *I'm looking forward to it.*
たのしみ ですね。

Please try to have a different conversation by using the vocabulary you have learned.
これまでに ならった ごいを つかって ちがう かいわを してみて ください。

28

Practice for Key Expression 3　じゅうよう ひょうげん３の れんしゅう

Please try to say "〈　　　〉*taiken ga shitai desu.*" by using the following words.
つぎの ごいを つかって「〈　　〉たいけん が したい です」と いってみて ください。

Vocabulary ごい

ninja　neko café *cat café*　fukurō café *owl café*
washoku *Japanese dishes*

Practice for Key Expression 4　じゅうよう ひょうげん４の れんしゅう

Please try to say "*Ikitai tokoro wa* 〈　　　〉*ikitai desu.*" by using the following words.
つぎの ごいを つかって「いきたい ところ は〈　　〉いきたい です」と いってみて ください。

Vocabulary ごい

takusan *a lot*　dondon *more*　sugu *right away*　dokodemo *anywhere*

Conversation for the Key Expression 3 and 4
じゅうよう ひょうげん 3と 4を つかった かいわ れんしゅう

Please try to have a conversation by using the key expression 3 and 4.
じゅうよう ひょうげん 3と 4を つかった かいわを してみましょう。

: Ninja taiken ga shitai desu. *I want to participate in a ninja lesson.*
にんじゃ たいけん が したい です。

: Ō, hontō desuka? *Oh, really?*
おぉ、ほんとう ですか？

: Hai, watashi wa ninja ga daisuki desu.
Yes, I like the ninja art very much.
はい、わたし は にんじゃ が だいすき です。

: Wakuwaku shimasuka? *Are you excited?*
わくわく しますか？

: Hai, ikitai tokoro wa dondon ikitai desu.
Yes, I would like to visit more places on my list.
はい、いきたい ところ は どんどん いきたい です。

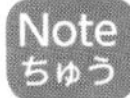

Please try to have a different conversation by using the vocabulary you have learned.
これまでに ならった ごいを つかって ちがう かいわを してみて ください。

● Note ●

28

The dream of the future

しょうらい の ゆめ
Shōrai no yume

You can talk about your dream of the future.
しょうらいの ゆめに ついて はなす ことが できます。

Key Expression じゅうよう ひょうげん

1 "Watashi wa 〈　　　〉 wo benkyō shimasu."

I'm going to study ~ .

Ex れい Watashi wa kēzai wo benkyō shimasu.
I'm going to study economics.
わたし は けいざい を べんきょう します。

2 "Watashi wa 〈　　　〉 ni naritai desu."

I want to be a ~ .

Ex れい Watashi wa kyōshi ni naritai desu.
I want to be a teacher.
わたし は きょうし に なりたい です。

3 "Shōrai 〈　　　〉 ni sumitai desu."

In the future, I want to live in ~ .

Ex れい Shōrai Nihon ni sumitai desu.
In the future, I want to live in Japan.
しょうらい にほん に すみたい です。

4 "Watashi no yume wa 〈　　　〉 deshō?!"

Isn't my dream of the future ~ ?!

Ex れい Watashi no yume wa suteki deshō?!
Isn't my dream in future nice?!
わたし の ゆめ は すてき でしょう？！

Practice for Key Expression 1　じゅうよう ひょうげん 1 の れんしゅう

Please try to say "***Watashi wa*** 〈　　　　　〉 ***wo benkyō shimasu.***" by using the following words.
つぎの ごいを つかって「わたし は〈　　　〉を べんきょう します」と いってみて ください。

Vocabulary ごい

Nihongo *Japanese language*　　kagaku *chemistry & science*
e *drawing*　　music　　dance　　nōgyō *agriculture*　　uta *music*

Practice for Key Expression 2　じゅうよう ひょうげん 2 の れんしゅう

Please try to say "***Watashi wa*** 〈　　　　〉 ***ni naritai desu.***" by using the following words.
つぎの ごいを つかって「わたし は〈　　　〉に なりたい です」と いってみて ください。

Vocabulary ごい

artist　　tour guide　　sakka *author*　　engineer

Conversation for the Key Expression 1 and 2
じゅうよう ひょうげん 1 と 2 を つかった かいわ れんしゅう

Please try to have a conversation by using the key expression 1 and 2.
じゅうよう ひょうげん 1 と 2 を つかった かいわを してみましょう。

: Watashi wa uta wo benkyō shimasu. *I'm going to study music.*
わたし は うた を べんきょう します。

: Muzukashī deshō? *That sounds difficult.*
むずかしい でしょう？

: Watashi wa artist ni naritai desu. *I want to be an artist.*
わたし は アーティスト に なりたい です。

: Sore wa subarashī desune!!! *That's awesome!!!*
それ は すばらしい ですね！！！

: Ōen shite kudasaine! *Please cheer me on!*
おうえん して くださいね！

: Mochiron kokoro kara ōen shimasu!
Of course I support you from my heart!
もちろん こころ から おうえん します！

Please try to have a different conversation by using the vocabulary you have learned.
これまでに ならった ごいを つかって ちがう かいわを してみて ください。

29

Practice for Key Expression 3　じゅうよう ひょうげん 3 の れんしゅう

Please try to say “***Shōrai*** 〈　　　〉 ***ni sumitai desu.***” by using the following words.

つぎの ごいを つかって「しょうらい〈　　〉に すみたい です」と いってみて ください。

Vocabulary ごい

Yokosuka　Kyoto　America　kono machi *this city*　gaikoku *foreign countries*

Practice for Key Expression 4　じゅうよう ひょうげん 4 の れんしゅう

Please try to say “***Watashi no yume wa*** 〈　　　〉 ***deshō?!***” by using the following words.

つぎの ごいを つかって「わたし の ゆめ は〈　　〉でしょう？！」と いってみて ください。

Vocabulary ごい

ōkī *big*　chīsai *small*　daitan *daring*　muteki *fearless*

Conversation for the Key Expression 3 and 4
じゅうよう ひょうげん 3と 4を つかった かいわ れんしゅう

Please try to have a conversation by using the key expression 3 and 4.
じゅうよう ひょうげん 3と 4を つかった かいわを してみましょう。

: Alisha-san wa America ni kaerimasuka?
Are you going back to America?
アリーシャさん は アメリカ に かえりますか？

: Hai. Demo, mata Nihon ni kimasu. *Yes. But I will come back to Japan.*
はい。でも、また にほん に きます。

: Hontō desuka? *Really?*
ほんとう ですか？

: Hai. Shōrai kono machi ni sumitai desu.
Yes. In the future, I want to live in this city.
はい。しょうらい この まち に すみたい です。

: Muzukashī deshō? *It is difficult, right?*
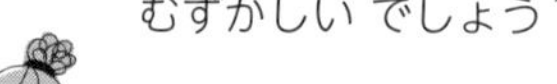
むずかしい でしょう？

: Hai. Demo, watashi no yume wa suteki deshō?!
Yes. But isn't my dream of the future nice?!
はい。でも、わたし の ゆめ は すてき でしょう?!

Please try to have a different conversation by using the vocabulary you have learned.
これまでに ならった ごいを つかって ちがう かいわを してみて ください。

● Note ●

29

Leaving Japan

にほん を たつ
Nihon wo tatsu

You can greet before returning to your country.
くにに もどる まえに あいさつ する ことが できます。

Key Expression じゅうよう ひょうげん

1 “〈　　　　〉, kuni ni kaerimasu.”

~ I’m going back to my country.

Ex れい Ashita, kuni ni kaerimasu.
Tomorrow, I’m going back to my country.
あした、くに に かえります。

2 “〈　　　　〉 watashi no kuni ni kite kudasai.”

Please come to my country ~ .

Ex れい Itsudemo watashi no kuni ni kite kudasai.
Please come to my country anytime.
いつでも わたし の くに に きて ください。

3 “Tokidoki 〈　　　　〉 de hanashimashō.”

Let’s talk on ~ sometimes.

Ex れい Tokidoki video chat de hanashimashō.
Let’s talk on video chat sometimes.
ときどき ビデオ チャット で はなしましょう。

4 “〈　　　　〉.” (わかれ の あいさつ)

~ . (Greeting word for good bye)

Ex れい Mata aimashō.
See you again.
また あいましょう。

PART 1

Practice for Key Expression 1　じゅうよう ひょうげん 1 の れんしゅう

Please try to say "〈　　　　　〉, ***kuni ni kaerimasu.***" by using the following words.

つぎの ごいを つかって「〈　　　〉、くに に かえります」と いってみて ください。

Vocabulary ごい

raishū *next week*　　raigetsu *next month*　　kyō *today*
konban *tonight*　　korekara *soon*

Practice for Key Expression 2　じゅうよう ひょうげん 2 の れんしゅう

Please try to say "〈　　　　　〉***watashi no kuni ni kite kudasai.***" by using the following words.

つぎの ごいを つかって「〈　　　〉わたし の くに に きて ください」と いってみて ください。

Vocabulary ごい

itsuka *someday*　　rainen *next year*　　natsuyasumi *summer vacation*

Conversation for the Key Expression 1 and 2
じゅうよう ひょうげん 1 と 2 を つかった かいわ れんしゅう

Please try to have a conversation by using the key expression 1 and 2.
じゅうよう ひょうげん 1 と 2 を つかった かいわを してみましょう。

Alisha　Naomi

: Raigetsu, America ni kaerimasu.
Next month, I'm going back to America.
らいげつ、アメリカ に かえります。

: …Uso deshō? *…Are you kidding me?*
…うそ でしょう？

: Hontō desu. *No, I'm not kidding. It's true.*
ほんとう です。

: Totemo totemo samishī desu. *I'm really going to miss you.*
とても とても さみしい です。

: Itsudemo watashi no kuni ni kite kudasai.
Please come to my country anytime.
いつでも わたし の くに に きて ください。

: Hai. Zehi ikitai desu. *Yes. I would love to.*
はい。ぜひ いきたい です。

30

Please try to have a different conversation by using the vocabulary you have learned.
これまでに ならった ごいを つかって ちがう かいわを してみて ください。

Practice for Key Expression 3 じゅうよう ひょうげん 3 の れんしゅう

Please try to say "***Tokidoki*** 〈　　　〉 ***de hanashimashō.***" by using the following words.

つぎの ごいを つかって「ときどき〈　　〉で はなしましょう」と いってみて ください。

Vocabulary ごい

video chat　　SNS *social media*　　denwa *phone*　　Skype

Practice for Key Expression 4 じゅうよう ひょうげん 4 の れんしゅう

Please try to say "〈　　　〉. (Greeting word for good bye)" by using the following words.

つぎの ごいを つかって「〈　　　〉(わかれ の あいさつ)」と いってみて ください。

Vocabulary ごい

mata aimashō *see you again*　　ogenkide *please be well*　　sayōnara *good bye*
osewa ni narimashita *thank you for all the help you have given me*

Conversation for the Key Expression 3 and 4
じゅうよう ひょうげん 3と 4を つかった かいわ れんしゅう

Please try to have a conversation by using the key expression 3 and 4.
じゅうよう ひょうげん 3と 4を つかった かいわを してみましょう。

: Watashi wa SNS wo hajimemasu. *I will start using social media.*
わたし は SNS を はじめます。

: Ī desune. Tokidoki video chat de hanashimashō.
That's good. Let's talk on video chat sometimes.
いい ですね。ときどき ビデオ チャット で はなしましょう。

: Sō shimashō!! *Yes, I'd like to!!*
そう しましょう！！

: Osewa ni narimashita. Ogenkide.
Thank you for all the help you have given me. Please be well.
おせわ に なりました。おげんきで。

: Alisha-san mo ogenkide. Mata aimashō.
Please be well too. See you again.
アリーシャさん も おげんきで。また あいましょう。

Please try to have a different conversation by using the vocabulary you have learned.
これまでに ならった ごいを つかって ちがう かいわを してみて ください。

● Note ●

やさしい英語でまなべる日本語

2020年1月9日　第1刷発行

著　者　木下 直美

英語監修　アリーシャ・オズボーン
リズ・ヘイル

発行者　浦　晋亮

発行所　IBCパブリッシング株式会社
〒162-0804 東京都新宿区中里町29番3号 菱秀神楽坂ビル9F
Tel. 03-3513-4511　Fax. 03-3513-4512
www.ibcpub.co.jp

印刷所　株式会社シナノパブリッシングプレス

ISBN978-4-7946-0612-9